CIP – Brasil. Catalogação na fonte
Sindicato Nacional dos Editores de Livros, RJ

A52s

Amarante, José Osvaldo Albano do
    Os segredos do gim / José Osvaldo Albano do Amarante. – São Paulo: Mescla, 2016.
    il.

    Inclui bibliografia e índice.
    ISBN 978-85-88641-46-4

    1. Bebidas alcoólicas. 2. Produção – Consumo. I. Título.

16-36122   CDD: 641.874
                                                       CDU: 663.54

Compre em lugar de fotocopiar.
Cada real que você dá por um livro recompensa seus autores
e os convida a produzir mais sobre o tema;
incentiva seus editores a encomendar, traduzir e publicar
outras obras sobre o assunto;
e paga aos livreiros por estocar e levar até você livros
para a sua informação e o seu entretenimento.
Cada real que você dá pela fotocópia não autorizada de um livro
financia o crime
e ajuda a matar a produção intelectual de seu país.

José Osvaldo Albano
do Amarante

OS SEGREDOS DO
GIM

mescla
EDITORIAL

OS SEGREDOS DO GIM
Copyright © 2016 by José Osvaldo Albano do Amarante
Direitos desta edição reservados por Summus Editorial

Editora executiva: **Soraia Bini Cury**
Assistente editorial: **Michelle Neris**
Coordenação editorial: **Fernanda Marão**
Produção editorial: **Crayon Editorial**
Capa e projeto gráfico: **Alberto Mateus**
Foto da quarta capa: **Daniel Cancini**
Índice remissivo: **Sandra Bernardo**
Impressão: **Intergraf**

Mescla Editorial
Departamento editorial:
Rua Itapicuru, 613 – 7º andar
05006-000 – São Paulo – SP
Fone: (11) 3872-3322
Fax: (11) 3872-7476
http://www.mescla.com.br
e-mail: mescla@mescla.com.br

Atendimento ao consumidor:
Summus Editorial
Fone: (11) 3865-9890

Vendas por atacado:
Fone: (11) 3873-8638
Fax: (11) 3872-7476
e-mail: vendas@summus.com.br

Impresso no Brasil

DEDICATÓRIAS

Dedico este livro aos meus tesouros: minha esposa, Maria Luiza, meus filhos, Gabriela e Henrique, e minha neta, Luiza, que muito me incentivaram a publicar este livro.

SUMÁRIO

Prefácio · 11

INTRODUÇÃO · · · · · · · · · · · · · · 13

História do gim · · · · · · · · · · · · · 14
Legislação · · · · · · · · · · · · · · · · 15
    Legislação brasileira · · · · · · · · 15
    Legislação europeia · · · · · · · · 17

PRODUÇÃO · · · · · · · · · · · · · · · 21

O destilado base · · · · · · · · · · · · 23
Os botânicos · · · · · · · · · · · · · · · 23
O processo de destilação · · · · · · · 28
O ajuste alcoólico · · · · · · · · · · · 30

PANORAMA MUNDIAL · · · · · · · · 33

Posição no Reino Unido · · · · · · · · 33
    Produção · · · · · · · · · · · · · · · 33
    Mercado interno · · · · · · · · · · · 33
    Exportações · · · · · · · · · · · · · 34
Posição no mundo · · · · · · · · · · · 34
    Filipinas · · · · · · · · · · · · · · · 34
    Estados Unidos · · · · · · · · · · · 34
    Espanha · · · · · · · · · · · · · · · 35
    Consumo per capita no mundo · · · · 35
Gigantes do setor · · · · · · · · · · · 36

MARCAS DO BRASIL E DO MUNDO · · · · · · · · · 39

Principais marcas · · · · · · · 39
Marcas presentes no Brasil · · · · 86
Marcas favoritas · · · · · 87

CONSUMO · · · · · · · · · · · · 93

Estilos de gim · · · · · · 93
Formas de consumo · · · · · · 94
Como degustar o gim · · · · · 97
Ficha de degustação de gim · · · · 98
Painéis de degustações de gim · · · · 100

COQUETÉIS · · · · · · · · · · · 111

Coquetéis clássicos de gim · · · · · 111
  Gim-tônica · · · · · · 111
  Dry martini · · · · · · 117
  Negroni · · · · · · 121
  Red snapper · · · · · · 122
  Caipirinha de gim · · · · · 125
Outros coquetéis de gim · · · · · · 125
  Aviation · · · · · · 125
  Berlin cocktail · · · · · 125
  Bramble · · · · · · 127
  Bronx · · · · · · 127
  Cardinale · · · · · · 127
  Clover club · · · · · 128
  Eton blazer · · · · · 128
  French 75 · · · · · · 128
  Gibson · · · · · · 130
  Gim tropical · · · · · 130

Gin fizz · · · · · · · · · · · · 130
Gin ginger · · · · · · · · · 131
Gin orange bitter cocktail · · · · · · · 131
Hawaiian · · · · · · · · · 131
Jep Gambardella · · · · · · · 132
John Collins · · · · · · · · 132
Martinez · · · · · · · · · 135
Monkey gland · · · · · · · 135
Orange bloom · · · · · · · 136
Paradise · · · · · · · · · 136
Pink lady · · · · · · · · · 136
Ramos gin fizz · · · · · · · 136
Singapore sling · · · · · · · 137
Tom Collins · · · · · · · · 137
White lady · · · · · · · · 137
Água tônica · · · · · · · · · 139
Outros ingredientes · · · · · · · 141
Orange bitters · · · · · · · 141
Bloody mary mix · · · · · · · 142
Zimbro em grãos · · · · · · · 143
Coqueteleria · · · · · · · · · 143
Copos · · · · · · · · · · 143
Utensílios · · · · · · · · · 146

MELHORES BARES DE GIM · · · · · · · · · 149

Bares no Brasil · · · · · · · · · 149
Bares no exterior · · · · · · · · · 153

Glossário · · · · · · · · · · 177
Bibliografia · · · · · · · · · 183
Índice remissivo · · · · · · · · · 185

PREFÁCIO

Meu primeiro contato com o gim foi na minha juventude. Nas festas de então, costumava ser servido um trio de bebidas alcoólicas em *long drink*. O meu predileto era o gim-tônica. Os outros dois coquetéis eram o *cuba libre* (rum e cola) e o *hi-fi* (vodca e *crush*, um refrigerante de laranja).

Um fato de suma importância na minha história com o gim aconteceu em setembro de 1989. Por ser membro efetivo dos painéis de degustação de vinhos da revista *Playboy*, fui convidado a participar de uma degustação de gins. Eu já era um amante da bebida, mas, com esse incentivo, comecei a pesquisar o assunto mais profundamente, tanto que fui incumbido pelo editor da matéria a escrever um boxe para ela, intitulado "As lições de um degustador", no qual teci comentários técnicos sobre a degustação de gins.

Desde então, continuei a ler sobre a bebida, além de degustá-la com mais frequência e de várias formas. E, quando viajava ao exterior, aproveitava para visitar os bares locais especializados em gim – foram muitos e alguns deles estão relacionados mais adiante.

Entre 2008 e 2016 tive a oportunidade de organizar inúmeras degustações às cegas oficiosas em minha residência com a família, em bares com os donos, ou em restaurantes com amigos. E, também, muitas degustações oficiais cujos resultados foram divulgados pelas revistas *GoWhere Gastronomia* e

AO LADO
Vista aérea da destilaria escocesa de Cameronbridge onde os gins Tanqueray e Gordon's são produzidos.

Gosto. A última delas, realizada em julho de 2016 e publicada pela revista *GoWhere Gastronomia*, reuniu 16 gins, sendo dois deles da primeira leva de gins *premium* brasileiros. Do painel participaram oito especialistas e entusiastas.

Ao longo de todos esses anos, o resumo que eu atualizava constantemente foi se tornando cada vez mais completo e volumoso. Dessa forma, ele acabou naturalmente transformado neste livro.

O século XXI está vivenciando o renascimento do gim. Esse fenômeno, iniciado no Mediterrâneo e com epicentro na Espanha, propagou-se em um primeiro momento para Portugal e para a Grécia e, depois, para o resto do mundo. A causa principal desse fenômeno foi o surgimento de releituras do gim-tônica (cuja abreviatura é G&T) empregando grandes copos-balão nos quais gim, tônica e muito gelo temperados com *bitters* são misturados e aromatizados com frutas, ervas e outras especiarias. Como consequência direta, começaram a ser lançadas inúmeras marcas de gim, várias outras de tônica e de *bitters*. Além, é claro, de uma expressiva explosão de bares especializados em gim.

Espero que esta obra seja bastante útil para aqueles que queiram se iniciar no conhecimento dessa fantástica e histórica bebida.

INTRODUÇÃO

Pela legislação brasileira vigente, o gim pertence à família das bebidas alcoólicas retificadas (o nome completo dessa família deveria ser "bebidas destiladas e retificadas"), parente próxima da família das bebidas alcoólicas destiladas. Por sua vez, a família das bebidas alcoólicas retificadas compõe-se de duas subfamílias: a primeira não emprega componentes aromatizantes (caso da vodca e do aquavit) e a segunda utiliza o zimbro (*Juniperus communis*) e outros compostos para aromatizar a bebida (caso do gim, da genebra e do steinhaeger).

Ao contrário da vodca, que é neutra, o gim é redestilado com bagos de zimbro e de outros componentes botânicos aromáticos (*botanicals*)*, o que o torna uma bebida extremamente aromática, com odores muito complexos.

A bebida está associada intimamente ao Reino Unido, que a elevou à posição que ela detém hoje. A genebra (*genever, jenever* ou *genièvre*) é oriunda da Holanda, da Bélgica, do Nordeste da França e do Noroeste da Alemanha, e o steinhaeger (ou *steinhäger*) é alemão.

O nome da bebida origina-se do latim *juniperus*, que se transformou em *jenever* ou *genever* na Holanda, em *genièvre*

---

* Botânicos (ou botanicals) é o termo técnico para as misturas de especiarias, ervas, flores e frutas usadas como ingredientes flavorizantes naturais de um gim.

na França e em *ginebra* na Espanha. Os ingleses acabaram abreviando o nome para *gin*, também adotado pelos portugueses, mas grafado como "gim".

HISTÓRIA DO GIM

ZIMBRO

A primeira data de que se tem registro na produção de gim foi no início do século XVII, na Holanda. Há quem conteste alegando que ele foi produzido antes, na Itália, pois foram os monges medievais italianos que descobriram o valor medicinal do zimbro. A planta crescia selvagem nas colinas da Itália e, até hoje, os bagos de zimbro silvestres da Toscana continuam a ser considerados os melhores do mundo.

Na história oficial, foi o médico e professor de medicina da Universidade de Leiden, o alemão Franciscus Sylvius de la Boë, conhecido como dr. Sylvius, que pela primeira vez produziu a bebida. Na Holanda, o gim era produzido como medicamento e vendido para tratar dores de estômago, gota, artrite e cálculo biliar.

O gim chegou mais tarde ao Reino Unido, levado pelos britânicos que formaram as tropas que lutaram na Holanda durante a Guerra dos Trinta Anos (1618-1648). A bebida fez imenso sucesso no Reino Unido, em particular na Inglaterra, razão pela qual hoje é considerada a pátria do gim.

A moderna indústria de destilação de gim no Reino Unido iniciou-se nos séculos XVIII e XIX, graças às tradicionais famílias Gordon, Burrough (antiga dona do Beefeater), Tanqueray,

INTRODUÇÃO

WORLD GIN DAY
O DIA MUNDIAL DO GIM É COMEMORADO EM 11 DE JUNHO!

Gilbey, entre outras. Em 1944, os seus descendentes fundaram a Gin Rectifiers and Distillers Association (GRDA), associação de produtores de gim que tinha nos seus arquivos atas de reuniões entre as famílias datando da década de 1840. Em 1991, houve a fusão entre a GRDA e a associação de produtores de vodca, resultando na atual Gin & Vodka Association (GVA).

LEGISLAÇÃO

LEGISLAÇÃO BRASILEIRA

Segundo o Decreto nº 6.871, de 4/6/2009, gim ou *gin* é uma bebida com graduação alcoólica de 35% a 54% em volume, a 20°C, obtida pela redestilação de álcool etílico potável de origem agrícola, na presença de bagas de zimbro (*Juniperus communis*), com adição ou não de outra substância vegetal aromática, ou pela adição de extrato de bagas de zimbro, com ou sem outra substância vegetal aromática, ao álcool etílico potável de origem agrícola. Em ambos os casos, o sabor do zimbro deverá ser preponderante, podendo a bebida ser adicionada de açúcares até 15 g/l. O gim será denominado de:

- *Gim destilado*, quando a bebida for obtida exclusivamente por redestilação.
- *London dry gin*, quando a bebida for obtida por destilação seca.
- *Gim seco* ou *dry gin*, quando a bebida contiver até 6 g/l de açúcares.

- *Gim doce*, *Old Tom gin* ou *gim cordial*, quando a bebida contiver acima de 6 g/l e até 15 g/l de açúcares.

As outras bebidas que também empregam zimbro, de acordo com o mesmo decreto, são as seguintes:

- **Genebra:** Bebida com graduação alcoólica de 35% a 54% em volume, a 20°C, obtida de destilado alcoólico simples de cereal, redestilado total ou parcialmente na presença de bagas de zimbro (*Juniperus communis*), misturado ou não com álcool etílico potável de origem agrícola, podendo ser adicionado de outra substância aromática natural e de açúcares na proporção de até 15 g/l, ou ainda de caramelo para correção da cor. As características organolépticas do zimbro deverão ser perceptíveis, mesmo quando atenuadas.

- **Steinhaeger:** Bebida com graduação alcoólica de 35% a 54% em volume, a 20°C, obtida pela retificação de destilado alcoólico simples de cereal ou pela retificação do álcool etílico potável, adicionado de substância aromática natural, em ambos os casos provenientes de um mosto fermentado contendo bagas de zimbro.

INTRODUÇÃO

TEOR ALCOÓLICO DO GIM

No Brasil, a legislação estipula uma faixa de 35% a 54% de álcool em volume.

Por outro lado, a maioria dos gins europeus tem graduação alcoólica entre 37,5% (mínimo legal) e 49% em volume. Alguns poucos exemplares ultrapassam esse limite. Entre eles estão:

- Nolet's Reserve Dry Gin com 52,3%.
- Old Raj Blue Label Dry Gin com 55%.
- Plymouth Navy Strength Gin com 57%.
- Sipsmith V.J.O.P. London Dry Gin com 57,7%.
- Blackwood's Vintage Dry Gin com 60%.

LEGISLAÇÃO EUROPEIA

A legislação europeia que trata das bebidas destiladas produzidas com zimbro é a Regulation EEC nº 110, de 15/1/2008. Nesse regulamento existem três definições de gim: *gin*, *distilled gin* e *London gin*.

Gin é uma bebida destilada com zimbro obtida por aromatização de um álcool etílico de origem agrícola adequado com bagas de zimbro (*Juniperus communis*). O título alcoométrico mínimo do gim é de 37,5% em volume. Apenas aromatizantes naturais e/ou idênticos aos naturais, definidos nos artigos pertinentes da Directive nº 88/388/EEC, e/ou preparados aromatizantes tais como definidos na mesma diretiva devem ser utilizados para a produção de gim, de modo a que o sabor de zimbro seja predominante. Eis os comentários da Gin & Vodka Association (GVA):

> O álcool etílico empregado não precisa ser redestilado. Os aromatizantes podem ser simplesmente misturados com o álcool etílico para obter o gim (dito, *compounded*). Não há restrições à adição de outros aditivos aprovados, tais como adoçantes. Não há restrições para empregar colorantes aprovados.

Distilled gin é uma bebida destilada obtida exclusivamente por redestilação organolepticamente adequada de álcool etílico de origem agrícola de qualidade apropriada com um título alcoométrico inicial de pelo menos 96% em volume, realizada em alambiques tradicionalmente utilizados para o gim, na presença de bagas de zimbro e de outros produtos vegetais naturais, devendo o sabor de zimbro ser preponderante. Alternativamente, pode ser uma mistura do produto dessa destilação com álcool etílico de origem agrícola de mesma composição, pureza e título alcoométrico; substâncias aromatizantes naturais e/ou idênticas e/ou preparados aromatizantes tais como especificados nas diretivas também podem ser usados para flavorizar o gim destilado. O título alcoométrico mínimo do gim destilado é de 37,5% em volume. A bebida obtida unicamente pela adição de essências ou aromas ao álcool etílico de origem agrícola não é um gim destilado.

INTRODUÇÃO

Segundo esse mesmo regulamento, EEC nº 110/2008, o *Plymouth gin* é uma indicação geográfica do Reino Unido. De acordo com a GVA:

> Aromatizantes adicionais podem ser adicionados após a destilação e eles podem ser tanto naturais ou artificiais. Não há restrições a empregar colorantes aprovados.

London gin é um tipo de gim destilado obtido exclusivamente de álcool etílico de origem agrícola, com um teor máximo de metanol de 5 g/hl de álcool etílico a 100% em volume, cujo aroma deve ser conferido exclusivamente por redestilação de álcool etílico em alambiques tradicionais na presença de todos os materiais vegetais utilizados. O destilado obtido deve conter, pelo menos, 70% de álcool em volume. Qualquer outro álcool etílico de origem agrícola que venha a ser adicionado deve ser consistente com as características constantes da diretiva, mas com um teor máximo de metanol de 5 g/hl de álcool a 100% em volume. Não devem ser adicionados edulcorantes superiores a 0,1 g/l de açúcares do produto final nem corantes. O destilado não pode sofrer o acréscimo de quaisquer outros ingredientes além de água. O título alcoométrico mínimo do *London gin* é de 37,5% em volume. O nome London gin pode ser complementado pelo termo "dry". Para a GVA:

> O uso de aromatizante artificial não é permitido. Nenhum aromatizante pode ser adicionado depois da destilação. Pode ser

adicionada uma pequena quantidade de adoçante depois da destilação, desde que não ultrapasse 0,1 grama/litro do produto final (nesses níveis, o açúcar não é discernível, sendo adicionado em alguns produtos apenas com o propósito de proteger uma marca). A única substância que pode ser adicionada é a água. Não pode ser colorido.

Ainda segundo o regulamento EEC nº 110/2008, também existem as seguintes bebidas destiladas com zimbro: o genever (ou *jenever* ou *genièvre*), uma indicação geográfica dos Países Baixos, da Bélgica, da França (departamentos de Nord e de Pas-de-Calais) e da Alemanha (estados de Nordrhein-Westfalen e de Niedersachsen); e o steinhaeger (ou steinhäger), uma indicação geográfica típica da Alemanha.

PRODUÇÃO

Existem vários métodos de produção de gim, mas a *European Community Regulation* nº 110/2008 define apenas três. O primeiro, conhecido tecnicamente como *compounding*, é uma técnica que simplesmente adiciona substâncias flavorizantes naturais a um álcool adequado, o que dá um gosto predominante de zimbro. O método de elaboração desse *cold compounding* é o mais barato, portanto responsável pelos gins mais econômicos.

Os processos superiores são os dos gins destilados. O *distilled gin* é elaborado de forma similar à do *London gin*, porém, nesse caso, é permitido adicionar os botânicos (*botanicals*) depois da destilação, sejam eles naturais ou artificiais.

O terceiro e mais importante processo é o *London gin* (o *Plymouth gin* é elaborado de forma similar), que obedece ao método tradicional de destilação, que será detalhado mais adiante neste capítulo. Diferentemente do *London gin*, que apenas define um método produtivo, o *Plymouth gin* é uma denominação de origem controlada, situada nos arredores da cidade inglesa de Plymouth.

O DESTILADO BASE

O gim pode ser feito de qualquer destilado alcoólico que cumpra o regulamento mencionado, com relação à origem (ser agrícola), ao teor alcoólico (no mínimo 96% em volume) e à pureza (ter resíduos abaixo de níveis máximos). A base mais fina para esse destilado "neutro" é de cereais maltados, tais como cevada e milho ou, ocasionalmente, trigo e centeio. Também podem ser usados alcoóis neutros de outras matérias-primas como cana-de-açúcar, uva e maçã.

No início, os grãos dos cereais são finamente moídos e misturados com água. Então, adicionam-se enzimas para transformar o amido dos grãos em maltose, um tipo de açúcar fermentável. Em seguida, junta-se o levedo para iniciar a fermentação alcoólica. Posteriormente, esse fermentado alcoólico passa por uma destilação. O destilado gerado é neutro e puro, sem cor nem sabor.

OS BOTÂNICOS

Botânicos ou extratos botânicos (*botanicals*) são misturas de especiarias, ervas, flores e frutas usadas como ingredientes flavorizantes naturais. Os tipos e quantidades variam de acordo com as receitas próprias e secretas de cada produtor. Contudo, de acordo com a lei, todos os gins devem incluir bagos de *Juniperus communis*, o zimbro ou junípero (em inglês, *juniper berries*) como ingrediente predominante. A planta é um

AO LADO
Botânicos: (1) zimbro, (2) cardamomo, (3) anis-estrelado e (4) tonca (semente de cumaru, típico brasileiro).

arbusto muito encontrado em toda a Europa. Tipicamente, um gim fino contém dezenas de *botanicals*, podendo chegar a 47, como é o caso do Monkey 47.

Os outros botânicos mais usados estão relacionados a seguir em inglês, já que os rótulos e contrarrótulos das garrafas mencionam os *botanicals* presentes no gim nesse idioma:

CANELA

- *Almond (Prunus dulcis)*: Amêndoa. Fruto seco que acrescenta um sutil flavor amendoado.
- *Angelica root* ou *Angelica seeds (Angelica archangelica)*: Angélica ou erva-do-espírito-santo. Erva cujas raízes e sementes resultam em um óleo aromático entre picante e adocicado, usada também em vermutes e nos licores Chartreuse e Bénédictine. É um dos mais importantes.
- *Caraway seeds (Carum carvi)*: Sementes de alcaravia. Planta da mesma família do cominho, tendo um flavor muito parecido com o anis.
- *Cardamom (Elettaria cardamomum)*: Cardamomo. Planta da família do gengibre, tem sabor quente, condimentado, adocicado e de eucalipto. É uma das especiarias mais caras.
- *Cassia bark (Cinnamonum cassia)*: Casca de cássia. Dá um flavor aromático similar ao da canela, porém mais forte e condimentado.
- *Cinnamon (Cinnamonum zeylanicum)*: Canela. Especiaria muito mais cara que a sua prima cássia.

CARDAMOMO

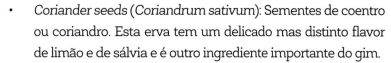

PRODUÇÃO

- *Coriander seeds (Coriandrum sativum)*: Sementes de coentro ou coriandro. Esta erva tem um delicado mas distinto flavor de limão e de sálvia e é outro ingrediente importante do gim.
- *Cubeb berries (Piper cubeba)*: Bagos de cubeba. Apimentada, aromática, com sabor levemente amargo e de cânfora.
- *Fennel (Foeniculum vulgare)*: Funcho ou erva-doce. Planta da mesma família do anis e do endro ou aneto.
- *Ginger (Zingiber officinale)*: Gengibre. Sabor quente, suave e adocicado, com um toque cítrico.
- *Grains of Paradise (Aframomum melegueta)*: Grão-do--paraíso ou pimenta-da-guiné. Planta da família do gengibre, de sabor pungente e apimentado com notas cítricas.
- *Grapefruit (Citrus × paradisi)*: Toranja. Fruta cítrica híbrida da *Citrus maxima* (pomelo) e da *Citrus × sinensis* (laranja-pera).
- *Lemon peel (Citrus × limon)*: Casca de limão-siciliano. Fruta cítrica de casca amarelada e sumo mais aromático e menos ácido que o limão tahiti. É o mais consumido na Europa e América do Norte.
- *Liquorice (Glycyrrhiza glabra)*: Alcaçuz. Extraído da raiz dessa leguminosa relacionada com o anis e o funcho, tem sabor doce, anisado e ligeiramente amargo.
- *Lime peel (Citrus spp.)*: Casca de lima ácida. Abrange duas frutas cítricas: a *Citrus × latifolia*, que é o limão tahiti (*persian lime, tahiti lime*), com casca e polpa esverdeadas, um pouco menos ácido e de sabor menos intenso que o do limão-galego, amplamente utilizado no Brasil para

GENGIBRE

25

o preparo da caipirinha; e a *Citrus aurantiifolia*, o limão-galego (*key lime*), parecido com o limão tahiti mas com casca amarelada quando maduro e polpa levemente esverdeada, bem menos utilizado do que o limão-siciliano.

- *Nutmeg* (*Myristica fragrans*): Noz-moscada. Tem sabor quente, condimentado, amendoado e levemente doce.
- *Orange peel* (*Citrus spp.*): Casca de laranja. Abrange duas frutas cítricas, ambas híbridas da *Citrus maxima* (pomelo) e da *Citrus reticulata*, a mexerica mandarina (*mandarin orange*). Uma é a *orange* ou *sweet orange* (*Citrus* × *sinensis*), a laranja-pera; e a outra a *bitter* ou *seville orange* (*Citrus* × *aurantium*), a laranja-da-terra ou laranja-amarga.
- *Orris root* (*Iris florentina*): Raiz de lírio-florentino ou íris. Usada como fixador em perfumaria, adiciona um flavor floral, ainda que lenhoso, ao gim.
- *Summer savory* (*Satureja hortensis*): Segurelha. Erva muito usada como condimento; um dos componentes da famosa mistura de ervas aromáticas francesas, as ervas de Provence.

NOZ-MOSCADA

PRÓXIMA PÁGINA
Aparelhagem de vidro da microdestilaria Sacred Spirits.

O PROCESSO DE DESTILAÇÃO

A retificação era o processo usado para garantir a qualidade do álcool básico – livrando-o de todo e qualquer odor –, antes do início da destilação. Hoje, esse processo tornou-se desnecessário devido aos avanços na produção de alcoóis neutros.

O processo detalhado de destilação pode variar de produtor para produtor. Na maior parte dos casos, o destilado base é diluído pela adição de água pura até atingir a graduação alcoólica requerida de cerca de 45% em volume. A bebida é, então, bombeada para um destilador de cobre. Em seguida, adicionam-se os botânicos – alguns produtores os colocam em bandejas dentro do alambique. Este é então aquecido, usando uma jaqueta de vapor, para extrair os óleos essenciais dos *botanicals* (menos de 5% do peso total) que flavorizam o destilado. A primeira "corrida" é recirculada até que uma alcoolicidade padrão (acima de 90% em volume) seja atingida. A cabeça (metanol e outros compostos leves indesejáveis) e a cauda (óleo fúsel e outras impurezas) da corrida, ambas de baixa qualidade, são separadas para ser redestiladas. Somente o corpo do destilado é usado para os gins de alta qualidade, sendo sangrado a cerca de 80%-85% de álcool em volume. Depois dessa fase, a bebida só pode receber álcool neutro da mesma origem, água e, eventualmente, uma diminuta quantidade de açúcar.

PRÓXIMA PÁGINA
Alambique de cobre da Hendrick's.

O AJUSTE ALCOÓLICO

Após o final do processo de destilação, adiciona-se água desmineralizada pura para baixar a graduação alcoólica do produto aos níveis legais europeus de no mínimo 37,5% (a legislação brasileira estipula uma faixa de 35% a 54%) de álcool em volume. Geralmente, o teor alcoólico é corrigido para 40% a 47% em volume. O gim está então pronto para ser engarrafado, não necessitando de nenhum período de maturação. Porém, nos últimos tempos estão sendo lançados alguns tipos de gim maturados com estágio em carvalho.

PRODUÇÃO

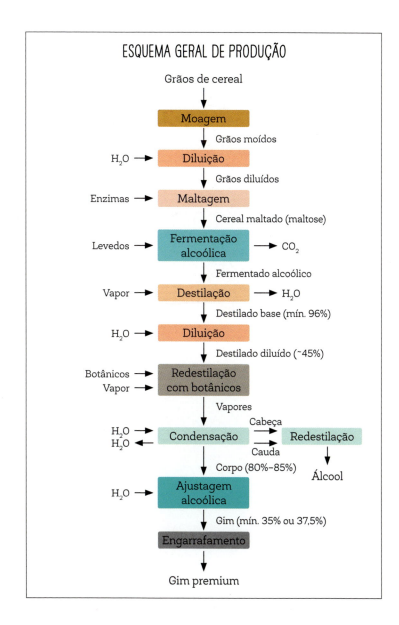

PANORAMA MUNDIAL

POSIÇÃO NO REINO UNIDO

PRODUÇÃO

O Reino Unido é um dos principais fabricantes de gim e a casa do gim tipo London gin.

Em 2014, existiam 202 destilarias registradas no Reino Unido, sendo 134 na Escócia, 61 na Inglaterra, seis no País de Gales e uma na Irlanda do Norte. Essa grande concentração de destilarias deve-se ao fato de as grandes empresas do setor terem optado por consolidar, na Escócia, as indústrias do uísque escocês, do gim e da vodca, obtendo uma maior economia de escala.

Recentemente, surgiram dezenas de microdestilarias de gim, seguindo o exemplo da pioneira Sipsmith inaugurada em 2009 em Londres.

MERCADO INTERNO

Em 2014, segundo o International Wine & Spirit Research (IWSR), as vendas de destilados no Reino Unido tiveram este perfil: vodca (30,3%), *flavoured spirits* (19,6%), uísque escocês (18,8%, ocupando, em 2005, o primeiro lugar), gim (9,4%), rum (9,3%), brandy (5,8%), uísque norte-americano (5,1%), uísque irlandês (1,0%) e tequila (0,7%). Só o volume vendido de gim atingiu 2,975 milhões de caixas de 9 litros, isto é, com doze garrafas de 750 ml.

EXPORTAÇÕES

Em 2013, ainda segundo o IWSR, foram exportados do Reino Unido 139 milhões de garrafas de gim de 750 ml. Esse volume representa cerca de 70% de toda a produção britânica, configurando o Reino Unido como o maior exportador mundial de gim, distribuída em 139 países de todos os continentes.

Nesse mesmo ano, segundo a Gin & Vodka Association (GVA), as exportações britânicas em volume seguiram para: Estados Unidos (44%), Espanha (21%), Alemanha (9%), Canadá (6%), França (3%), Itália (3%) e Japão (3%).

POSIÇÃO NO MUNDO

FILIPINAS

Nem todos sabem que as Filipinas são o maior mercado de gim do mundo, com consumo de cerca de 50 milhões de caixas de 9 litros. Esse volume representa cerca de 43% de todo o mercado mundial de gim.

O mercado doméstico é dominado pela produção local (98%). A destilaria filipina San Miguel é, de longe, a marca mais importante, com produção de 22 milhões de caixas de 9 litros, equivalendo a 62% do mercado.

ESTADOS UNIDOS

Desconsiderando a situação das Filipinas, os Estados Unidos representam o maior mercado mundial de gim. Além de ser o maior importador de gim britânico, o país fabrica uma grande quantidade de marcas britânicas localmente. Em 2013, segundo a GVA, 10,3 milhões de caixas de 9 litros foram vendidas no país.

ESPANHA

A Espanha tem o maior mercado consumidor de gim da União Europeia e é o terceiro maior mercado mundial de gim. O mercado local é dominado por marcas nativas que representam 75% das vendas.

CONSUMO PER CAPITA NO MUNDO

O consumo *per capita* por litro de gim está representado no gráfico a seguir.

Filipinas	1,4
Eslováquia	1,2
Holanda	0,8
Espanha	0,6
Média mundial	0,4
Reino Unido	0,4
Estados Unidos	0,3
Canadá	0,2
Uganda	0,2
Alemanha	0,1

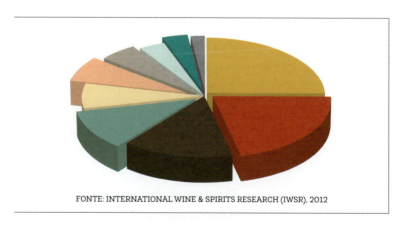

FONTE: INTERNATIONAL WINE & SPIRITS RESEARCH (IWSR), 2012

GIGANTES DO SETOR

As maiores empresas fabricantes de gim no mundo são:

San Miguel
Empresa filipina responsável por cerca de 27% das vendas globais da bebida.

Diageo
Empresa multinacional, segunda maior produtora mundial de gim, reunindo no seu acervo famosas marcas britânicas como Tanqueray e Gordon's. Seus gins *premium* são elaborados na Escócia, mas a marca também tem fábricas espalhadas pelo mundo, principalmente nos Estados Unidos.

Pernod Ricard
A multinacional Pernod Ricard é a terceira maior produtora de gim do mundo, possuindo a marca Beefeater, destilada em Kennington, Londres. É dona também das marcas de gim Seagram's, nos Estados Unidos, e Cork Dry, na Irlanda.

Beam Global
Empresa norte-americana que fabrica o gim espanhol Larios, líder do mercado espanhol, em Málaga.

G&J Greenall

Outra grande é a G&J Greenall, que destila suas marcas próprias em Warrington, Cheshire, na Inglaterra, bem como gins para diversas outras empresas. Também conhecida como G&J Distillers, ela foi adquirida pela Quintessential Brands em 2011.

MARCAS DO BRASIL E DO MUNDO

PRINCIPAIS MARCAS*

MARCAS MAIS VENDIDAS NO MUNDO

Em 2014, segundo a *The Spirits Business*, as marcas de gim mais vendidas no mundo foram:

Marcas	Milhões de caixas de 9 litros
1º Gordon's (sco)	3,6
2º Bombay Sapphire (eng)	3,0
3º Seagram's Extra Dry (us)	2,7
4º Beefeater (eng)	2,6
5º Tanqueray (sco)	2,4

AO LADO
Garrafas de gim para degustação *GoWhere*.

* Foram usadas neste livro as seguintes siglas, baseadas na norma ISO 3166, para referenciar a origem dos gins: (ar) Argentina, (at) Áustria, (br) Brasil, (de) Alemanha, (eng) Inglaterra, (es) Espanha, (fr) França, (nl) Holanda, (it) Itália, (sco) Escócia, (us) Estados Unidos, (pt) Portugal e (ch) Suíça.

Existem centenas de marcas de gim no mundo, tendo surgido apenas no último século dezenas delas pelos quatro cantos do planeta. A seguir, estão listadas 65 entre as principais marcas da nobre bebida.

ADNAMS COPPER HOUSE DRY GIN

DESCRIÇÃO: Elaborado desde 2010 na Adnams Copper House Distillery, localizada no condado de Suffolk, Inglaterra. É um gim tradicional e elegante, com notas florais e cítricas.
PRODUÇÃO: Tradicional, usando um destilado base proveniente principalmente de cevada maltada da East Anglia e o método produtivo do London dry gin.
BOTÂNICOS (6): Bagos de zimbro, sementes de coentro, raiz de lírio-florentino, cardamomo, casca de laranja doce e flor de hibisco (o menos usual deles).
ÁLCOOL: 40% de álcool em volume.

ADNAMS FIRST RATE FINEST CUT GIN

DESCRIÇÃO: É o gim *top* de linha da casa, com mais botânicos e graduação alcoólica superior. É bem sedoso, complexo, condimentado e com notas cítricas.
PRODUÇÃO: O destilado base é feito de três cereais colhidos localmente: cevada maltada, trigo e aveia. Apenas a porção mais pura é redestilada com os botânicos.

BOTÂNICOS (13): Bagos de zimbro, sementes de coentro, cardamomo, casca de laranja doce, raiz de alcaçuz, raiz de lírio-florentino, casca de cássia, fava de baunilha, raiz de angélica, sementes de alcaravia, sementes de erva-doce, tomilho e casca de limão-siciliano.

ÁLCOOL: 48% de álcool em volume.

ARAPURU LONDON DRY GIN

DESCRIÇÃO: É um gim premium brasileiro da primeira leva lançado no segundo semestre de 2016. Elaborado na cidade de São Paulo pelo eslovaco Mike Simko, sob a consultoria do mestre destilador inglês, Rob Dorsett, que desenvolveu o conceituado gim Martin Miller's. O nome, originado da língua tupi-guarani, é o de um lendário pássaro da Amazônia.

PRODUÇÃO: Os ingredientes frescos e locais são macerados antes da destilação com álcool de cana-de-açúcar extraneutro.

BOTÂNICOS (8): Bagos de zimbro, aroeira (fruto dessa árvore sul-americana), fatias de caju desidratado, sementes de pacová (planta nativa que lembra o cardamomo), casca de mexerica, sementes de puxuri, sementes de coentro e fruto seco de imbiriba.

ÁLCOOL: 44% de álcool em volume.

OS SEGREDOS DO GIM

BAYSWATER PREMIUM LONDON DRY GIN

DESCRIÇÃO: Elaborado pela Thames Distillers para a Casalbor espanhola. Seu nome é inspirado de um famoso distrito londrino. Gim equilibrado empregando apenas botânicos tradicionais de um London dry gin.

PRODUÇÃO: São cinco destilações em alambique de cobre baseadas em álcool neutro 100% de trigo.

BOTÂNICOS (9): Zimbro, sementes de coentro, cascas de limão-siciliano, cascas de laranja, raiz de lírio-florentino, raiz de angélica, casca de cássia, raiz de alcaçuz e noz-moscada.

ÁLCOOL: 43% de álcool em volume.

BEEFEATER LONDON DRY GIN

DESCRIÇÃO: A destilaria data de 1820 e foi fundada pela família Taylor, em Chelsea, Londres. Em 1863, James Burrough comprou a destilaria e lançou o seu primeiro gim em 1876. Em 1958, mudaram as instalações para Kennington, também em Londres. Desde 2005, essa marca pertence ao grupo Pernod-Ricard. O nome da bebida remete aos *yeomen warders* que guardam a Torre de Londres: por causa da grande quantidade de bifes que, diariamente, chegavam no pátio para alimentá-los, foram apelidados de "*beef-eaters*". É a quarta marca de gim mais vendida no mundo. Em 2015, segundo os principais *barmen* do mundo, foi a segunda marca de gim mais solicitada pelos clientes. Tem um caráter acentuado de zimbro, balanceado com fortes notas cítricas. É um dos meus favoritos, com nota 5*.

PRODUÇÃO: A base é álcool puro de grãos de trigo e cevada. Os botânicos são acrescentados na base ainda no alambique e deixados macerando por 24 horas.

BOTÂNICOS (9): Bagos de zimbro, sementes de coentro, raiz de angélica, sementes de angélica, casca de laranja-de-sevilha, casca de limão-siciliano, alcaçuz, amêndoas e raiz de lírio-florentino.

ÁLCOOL: No Brasil e no exterior é vendido com 47% de álcool em volume, porém há os com 40% que são vendidos no Reino Unido e em alguns outros países.

BEEFEATER 24 LONDON DRY GIN

DESCRIÇÃO: Lançado em 2008, emprega botânicos finos e chás exóticos que dão ao gim um sabor particular.

PRODUÇÃO: Leva o nome de seu processo de maceração de 24 horas. Os alambiques de cobre são enchidos de álcool neutro de cereais e, em seguida, os botânicos são adicionados à mistura, ficando de molho por 24 horas.

BOTÂNICOS (12): Bagos de zimbro, chá sencha japonês, chá-verde chinês, sementes de coentro, raiz de angélica, sementes de angélica, casca de toranja, casca de laranja-de-sevilha, casca de limão-siciliano, alcaçuz, amêndoas e raiz de lírio-florentino.

ÁLCOOL: 45% de álcool em volume.

BEEFEATER BURROUGH'S RESERVE OAK RESTED GIN

DESCRIÇÃO: Lançado em 2013, é comercializado em garrafas numeradas. Em 2016 saiu o *Edition* 2. Indicado aos amantes de gins barricados.

PRODUÇÃO: Destilado no pequeno alambique de cobre nº 12, de 268 litros. Envelhecido em barris de carvalho usados previamente para abrigar vinhos tintos e brancos de Bordeaux.

BOTÂNICOS: Não divulgados.

ÁLCOOL: 43% de álcool em volume.

BERKELEY SQUARE LONDON DRY GIN

DESCRIÇÃO: A G&J Greenall produz gim na Inglaterra desde 1761. Em 2011, foi comprada pelo grupo de bebidas internacionais Quintessential Brands. Esse é o gim *top* de linha da casa e em termos de estilo fica entre os outros dois gins desse produtor: o peso-pesado Greenall's Original e o leve e floral Bloom. Apresenta um rico aroma herbal e cítrico.

PRODUÇÃO: Depois de destilado em um alambique de cobre tradicional, o álcool recebe a infusão de cinco botânicos. No dia seguinte, usando o método de destilação da casa chamado *bouquet garni*, as outras três ervas (lavanda, sálvia e manjericão) são acrescentadas envoltas em musselina, proporcionando contato direto com o destilado.

BOTÂNICOS (8): Bagos de zimbro, sementes de coentro, angélica, bagos de cubeba, folhas de combava (*kaffir lime*) um tipo de fruta cítrica parecida com o limão-galego, lavanda, sálvia e manjericão.

ÁLCOOL: 40% de álcool em volume.

BLACKWOODS VINTAGE DRY GIN 40%

DESCRIÇÃO: Produzido pela Distil Company Ltd. empregando botânicos das Ilhas Shetland, situada no extremo norte da Escócia. A safra comercializada no momento é a de 2012. Em estilo é cítrico sobre notas florais.

PRODUÇÃO: A base neutra destilada cinco vezes é diluída em água mineral e redestilada na presença dos botânicos, em pequenos lotes anuais.

BOTÂNICOS (AO MENOS 10): Zimbro, sementes de coentro, cascas de frutas cítricas (limão-siciliano, laranja e lima), canela, alcaçuz, noz-moscada e os nativos (a quantidade varia dependendo da safra): raiz de angélica, ulmeira, malmequer-dos-brejos e rosa do mar.

ÁLCOOL: 40% de álcool em volume.

BLACKWOODS VINTAGE DRY GIN 60%

DESCRIÇÃO: Esse gim foi inspirado na localização das Ilhas Shetland, situada na latitude 60º norte. A safra comercializada no momento é a de 2012. Tem características florais e um final de boca extremamente sedoso.

PRODUÇÃO: A base neutra destilada cinco vezes é diluída em água mineral e redestilada na presença dos botânicos, em pequenos lotes, totalizando 22 mil garrafas por lote.

BOTÂNICOS (AO MENOS 10): Zimbro, sementes de coentro, cascas de frutas cítricas (limão-siciliano, laranja e lima), canela, alcaçuz, noz-moscada e os nativos (a quantidade deles varia dependendo da safra): raiz de angélica, ulmeira, malmequer-dos-brejos e rosa do mar.

ÁLCOOL: 60% de álcool em volume, talvez seja o gim mais alcoólico do mercado.

BOMBAY SAPPHIRE LONDON DRY GIN

DESCRIÇÃO: A história do Bombay Gin pode ser traçada a partir de 1761, com a fundação de uma destilaria em Warrington, no condado inglês de Cheshire, hoje pertencente à G&J Greenall. Em 1960, a Bombay Spirits Co. criou a marca Bombay Original, cuja bebida é fabricada nas instalações da G&J Greenall. Em 1987 foi lançada a famosa marca Bombay Sapphire e em 1997 a Diageo vendeu essas duas marcas à Bacardi-Martini. Em 2014, o gim passou a ser produzido na destilaria de Laverstock Mill, em Hampshire, reformada especialmente para o Bombay Sapphire. Acondicionado em garrafa azul safira translúcido, ele é a segunda marca de gim mais vendida no mundo. Em 2015, de acordo com os principais barmen do mundo, foi a quarta marca mais solicitada pelos clientes.

PRODUÇÃO: Diferentemente de outros gins, que fervem seus botânicos junto com o álcool, aqui o álcool neutro obtido de grãos é triplamente destilado sozinho. Os vapores de álcool passam pela coluna de retificação com um sistema de defletores que só permite a passagem do álcool mais puro. O vapor purificado passa através de uma bandeja perfurada de cobre onde estão os botânicos, absorvendo os delicados flavores. Depois os vapores do destilado são liquefeitos e misturados com água pura – processo conhecido como "*vapour infusion*", que resulta em um gim mais leve, fresco e mais floral.

BOTÂNICOS (10): Bagos de zimbro, sementes de coentro, raiz de angélica, casca de limão-siciliano, grãos-do-paraíso, bagos de cubeba, raiz de lírio-florentino, amêndoas, casca de cássia e raiz de alcaçuz.

ÁLCOOL: 40% de álcool em volume no Reino Unido e com 43% e 47% no mercado externo.

BOTANIC PREMIUM LONDON DRY GIN

DESCRIÇÃO: Gim espanhol elaborado pela Williams & Humbert, firma especializada em jerez e brandy de jerez. É comercializado numa incomum garrafa de vidro de seção retangular.

PRODUÇÃO: Procedente de grãos de cereais ingleses submetidos a três destilações em alambiques centenários.

BOTÂNICOS (11): Zimbro, cidra-mão-de-buda (uma fruta cítrica de origem oriental), sementes de coentro, raiz de angélica, casca de laranja, casca de limão-siciliano, raiz de lírio-florentino, alcaçuz, canela, casca de amêndoa doce e laranja doce.

ÁLCOOL: 40% de álcool em volume.

BOTANIC ULTRA PREMIUM LONDON DRY GIN

DESCRIÇÃO: Gim espanhol *top* de linha da Williams & Humbert, mais alcoólico do que o Premium e com uma pequena diferença nos botânicos.

PRODUÇÃO: Procedente de grãos de cereais ingleses submetidos a quatro destilações em alambiques centenários.

BOTÂNICOS (11): Zimbro, cidra-mão-de-buda (um cítrico de origem oriental), sementes de coentro, raiz de angélica, casca de laranja, casca de limão-siciliano, raiz de lírio-florentino, alcaçuz, canela, laranja doce e flores de laranjeira.

ÁLCOOL: 45% de álcool em volume.

BROKER'S LONDON DRY GIN

DESCRIÇÃO: Produzido desde 1998 na destilaria Langley, próxima de Birmingham e em funcionamento há mais de 200 anos.

PRODUÇÃO: Destilação tradicional por pequenos lotes em alambique de cobre, de uma base quadruplamente destilada de trigo, onde os botânicos ficam em infusão por 24 horas.

BOTÂNICOS (10): Bagos de zimbro, sementes de coentro, raiz de angélica, raiz de lírio-florentino, casca de cássia, alcaçuz, casca de laranja, casca de limão-siciliano, noz-moscada e canela.

ÁLCOOL: 40% e 47% de álcool em volume.

MARCAS DO BRASIL E DO MUNDO

BULLDOG LONDON DRY GIN

DESCRIÇÃO: Gim relativamente novo, criado apenas em 2007 e produzido sob contrato pela G&J Greenall. Desde 2014, a Bulldog Gin Co. assinou um acordo com a Campari para distribuição no mercado mundial. É um gim complexo e bem diferente, que agrada a uns e não tanto a outros. É comercializado em garrafa preta tipo boticário.

PRODUÇÃO: Feito com trigo de Norfolk e água pura de Gales combinados com os botânicos em destilação quádrupla em tradicionais alambiques de cobre.

BOTÂNICOS (12): Bagos de zimbro, sementes de coentro, angélica, casca de limão-siciliano, amêndoas, cássia, lavanda, lírio-florentino, alcaçuz e três botânicos incomuns: olho-de-dragão chinês (próximo da lichia), sementes de papoula branca turca e folhas de lótus chinesas.

ÁLCOOL: 40% de álcool em volume.

CAORUNN SMALL BATCH SCOTTISH GIN

DESCRIÇÃO: Passou a ser elaborado em 2009 pela destilaria escocesa Balmenach, produtora de uísque desde 1824. O seu nome é o termo celta para o botânico *rowan berry*. Encorpado, tem uma pegada seca e ácida, além de um longo retrogosto.

PRODUÇÃO: Elaborado em pequenas partidas de mil litros em destilação quádrupla, utiliza uma infusão de seis botânicos tradicionais e cinco silvestres nativos colhidos nas *highlands* escocesas.

BOTÂNICOS (11): Os tradicionais bagos de zimbro, sementes de coentro, raiz de angélica, casca de laranja, casca de limão-siciliano, casca de cássia; e os nativos *rowan berry* – que são os bagos vermelhos da sorva-da-europa (*Sorbus aucuparia*, da família das rosáceas) –, *myrica gale* (da família das *Myricaceae*), urze, maçã *coul blush* e folha de dente-de-leão.
ÁLCOOL: 41,8% de álcool em volume.

CITADELLE GIN

DESCRIÇÃO: É uma das melhores marcas francesas de gim, fabricada desde 1995 na destilaria Maison Ferrand, produtora também de conhaques, rum e licores. Ganhou o nome Citadelle espelhado no estilo de um gim que era feito no século XVIII em Dunquerque. Comercializado numa bonita garrafa azul-clara, é um gim complexo e bem seco, sem adição de açúcar.
PRODUÇÃO: O destilado base, de trigo, é triplamente destilado. Esse gim é o único no mundo destilado lentamente em pequenos alambiques de cobre aquecidos por uma chama viva (sem vapor). Os botânicos ficam em infusão por 72 horas.
BOTÂNICOS (19): Bagos de zimbro, sementes de coentro, angélica, casca de limão-siciliano, casca de laranja, amêndoa, raiz de lírio-florentino, erva-doce, anis-verde, grão-do-paraíso, cardamomo, raiz de violeta, cubeba, cássia, alcaçuz, segurelha, noz-moscada, cominho e canela.
ÁLCOOL: 44% de álcool em volume.

MARCAS DO BRASIL E DO MUNDO

CITADELLE RÉSERVE GIN

DESCRIÇÃO: Desde 2008, a Maison Ferrand lança anualmente uma edição limitada de gim envelhecido em madeira, declarando o ano. É comercializado em garrafa incolor, o que permite visualizar o amarelo pálido da bebida, denotando envelhecimento em carvalho.

PRODUÇÃO: O gim passa cinco a seis meses em pequenos barris usados de carvalho francês antes de ser engarrafado. Para a produção do Citadelle Réserve 2013 foi aplicada a técnica de envelhecimento em Solera, algo nunca antes realizado no preparo de gim.

BOTÂNICOS (22): São 22 botânicos usados desde 2012: os 19 do Citadelle Gin mais *yuzu* (fruta cítrica asiática híbrida de tangerina com *Citrus ichangensis*), *génépi* (planta parente do absinto) e mirtilo.

ÁLCOOL: De 44% a 44,7% de álcool em volume, dependendo do ano.

CITY OF LONDON DRY GIN

DESCRIÇÃO: Produzido pela pequena destilaria City of London Distillery (C.O.L.D.), no coração de Londres, desde 2012. Ótimo gim clássico, com um ataque do zimbro equilibrado por notas cítricas.

PRODUÇÃO: Destilado de forma tradicional e engarrafado manualmente em frascos claros, trazendo as numerações do lote e da garrafa.

BOTÂNICOS (7): Bagos de zimbro, sementes de coentro, angélica, alcaçuz, laranja fresca, limão-siciliano fresco e toranja rosa.
ÁLCOOL: 40% de álcool em volume.

■ CITY OF LONDON SQUARE MILE LONDON DRY GIN

DESCRIÇÃO: Gim produzido pela pequena destilaria londrina City of London Distillery (C.O.L.D.). A City of London é uma pequena área dentro da Grande Londres, sendo o seu centro financeiro e histórico. Sua área é de aproximadamente uma milha quadrada, razão pela qual também é chamada de "The Square Mile", nome da bebida. Gim superpremium complexo e com uma forte influência cítrica.
PRODUÇÃO: Destilado de forma tradicional e engarrafado manualmente em frascos claros, trazendo as numerações do lote e da garrafa.
BOTÂNICOS (DIVULGADOS PARCIALMENTE): Bagos de zimbro, sementes de coentro, raiz de lírio-florentino, angélica, alcaçuz, laranja fresca, limão-siciliano fresco e outros.
ÁLCOOL: 47,3% de álcool em volume.

■ DARNLEY'S VIEW LONDON DRY GIN

DESCRIÇÃO: Bebida lançada em 2010 pela companhia escocesa de uísque Wemyss. Entretanto, ele é produzido sob contrato pela Thames Distillers inglesa. Gim delicioso, delicado, cítrico e floral.
PRODUÇÃO: Destilado quatro vezes de forma tradicional.

BOTÂNICOS (6): Bagos de zimbro, sementes de coentro, raiz de angélica, casca de limão-siciliano, raiz de lírio-florentino e flor de sabugueiro.

ÁLCOOL: 40% de álcool em volume.

DARNLEY'S VIEW SPICED GIN

DESCRIÇÃO: Lançado pouco tempo depois do Original London Dry Gin, em 2012, pela Wemyss, também é produzido pela Thames Distillers. Gim bastante inovador, sem frutas cítricas e muitas especiarias.

PRODUÇÃO: Destilado quatro vezes de forma tradicional.

BOTÂNICOS (10): Bagos de zimbro, canela e noz-moscada (principais), sementes de coentro, raiz de angélica, casca de cássia, grão-do-paraíso, gengibre, cominho e cravo.

ÁLCOOL: 42,7% de álcool em volume.

DRACO DRY GIN

DESCRIÇÃO: É um gim premium brasileiro da primeira leva lançado no segundo semestre de 2016. Elaborado na cidade paulista de Águas de Santa Bárbara, sob a supervisão do mixologista Rodrigo Marcusso, sócio da empresa Bar & Barman. Atualmente, pode ser considerado o melhor gim fabricado no país.

PRODUÇÃO: O álcool puro básico, bidestilado, é 100% de cereais, principalmente milho. A redestilação, em alambiques de cobre, é feita em banho-maria entre 80° e 90°C.

BOTÂNICOS (DIVULGADOS PARCIALMENTE): Zimbro, cardamomo, angélica, funcho, alcaçuz, coentro ou coriandro, além de uma mistura de cítricos brasileiros como cascas de limão rosa e tangerina carioca.

ÁLCOOL: 47% de álcool em volume.

FIFTY POUNDS LONDON DRY GIN

DESCRIÇÃO: Seu nome remete à lei de 1736, chamada Gin Act, que cobrava uma taxa anual de £ 50 (*fifty pounds*) a quem desejasse produzir ou vender gim, visando coibir o seu consumo desregrado. Foi lançado em 2010 pela Thames Distillers, de Londres, e segue uma fórmula de mais de 200 anos. Cada garrafa traz o número do lote de destilação e também o ano de produção. Gim muito equilibrado e marcante.

PRODUÇÃO: Obtido por destilação quádrupla em um alambique bem antigo. Os lotes são limitados a mil garrafas. Os botânicos ficam em infusão por dois dias.

BOTÂNICOS (PARECEM SER 11, MAS SÓ DIVULGAM 8): Bagos de zimbro, sementes de coentro, grãos-do-paraíso, segurelha, casca de laranja, casca de limão-siciliano, alcaçuz, raiz de angélica e outros não divulgados.

ÁLCOOL: 43,5% de álcool em volume.

FORDS GIN

DESCRIÇÃO: Esse gim é fruto da colaboração do mestre destilador Charles Maxwell da Thames Distillers, de Londres, e de Simon Ford da The 86 Co., de Nova York, que o lançaram em 2012. Excelente gim cítrico e floral. Em 2015, segundo os principais barmen do mundo, foi a sétima marca de gim mais solicitada pelos clientes.

PRODUÇÃO: O destilado base é obtido por destilação contínua de álcool neutro obtido de trigo inglês em alambiques de 500 litros da Thames Distillers. Os botânicos ficam em infusão por 15 horas antes da destilação. O gim produzido é embarcado a granel para a Charbay Distillery, na Califórnia, onde é ajustado com água pura de poço e engarrafado.

BOTÂNICOS (9): Bagos de zimbro, sementes de coentro, casca de limão-siciliano, casca de laranja-amarga, casca de toranja, angélica, cássia, jasmim e lírio-florentino.

ÁLCOOL: 45% de álcool em volume.

G'VINE FLORAISON GIN

DESCRIÇÃO: É um conhecido gim francês produzido pela Euro-WineGate, empresa fundada em 2001. É um gim totalmente não convencional, o único produzido com destilado de uva e infusão de flor de videira. Fresco e floral, refrescante e macio, é comercializado em uma luxuosa garrafa transparente com tons esverdeados no gargalo, grafadas com o ano da safra, os números do lote e da garrafa. Fabricado apenas uma vez por ano.

PRODUÇÃO: É feito em Cognac, com a uva Ugni Blanc, reconhecida por sua adaptabilidade em ser destilada: tem alta acidez e é neutra em sabor. Em setembro, as uvas são colhidas e imediatamente convertidas em vinho. O vinho base é então destilado em uma coluna contínua para produzir uma aguardente vínica neutra. Uma vez por ano, em meados de junho, algo milagroso acontece nas vinhas: surgem as raras flores de uva verde, durante a *floraison* (floração). Essa flor preciosa e delicada, que dura apenas alguns dias antes de amadurecer em uma baga da uva, é imediatamente colhida e macerada na aguardente vínica neutra por vários dias para obter a melhor essência floral. A infusão resultante dessa etapa intermediária é então destilada com os botânicos, por lotes, em um pequeno alambique florentino de cobre.

BOTÂNICOS (10): Bagos de zimbro, cardamomo verde, bagos de cubeba, alcaçuz, limão tahiti, coentro, casca de cássia, noz-moscada, raiz de gengibre e, claro, a infusão de flores de uva verde.

ÁLCOOL: 40% de álcool em volume.

MARCAS DO BRASIL E DO MUNDO

G'VINE NOUAISON GIN

DESCRIÇÃO: O G'Vine Nouaison, por ser engarrafado com um pouco mais de teor alcoólico, é visivelmente mais complexo, intenso e condimentado do que o seu irmão menor, o G'Vine Floraison, mas igualmente bem sedoso. Ele é mais conhecido no mercado do que o Floraison, além de mais caro. É comercializado em uma luxuosa garrafa transparente com tons acinzentados no gargalo e grafada com o ano da safra, os números do lote e da garrafa. Fabricado apenas uma vez ao ano pela EuroWineGate.

PRODUÇÃO: É similar à do Floraison, mas emprega outra fase do desenvolvimento da uva: o vinho base é destilado até ficar neutro e recebe os bagos de uva verde que surgem durante a *nouaison* (frutificação).

BOTÂNICOS (10): Bagos de zimbro, cardamomo verde, bagos de cubeba, alcaçuz, limão tahiti, coentro, casca de cássia, noz-moscada, raiz de gengibre, porém em proporções diferentes, e pequenos bagos de uva verde.

ÁLCOOL: 43,9% de álcool em volume.

GERANIUM PREMIUM LONDON DRY GIN

DESCRIÇÃO: Lançado em 2009, foi desenvolvido por Henrik Hammer, um conceituado juiz de provas de gim da IWSC, junto com seu pai, que é químico. A Thames Distillers produz a bebida para a Hammer & Son. Ótimo gim num estilo bem floral.

OS SEGREDOS
DO GIM

PRODUÇÃO: Os botânicos ficam infusionados por 48 horas em um destilado neutro 100% de trigo antes de ser destilado num alambique com mais de um século.

BOTÂNICOS (10): Zimbro, gerânio, casca de limão-siciliano, casca de laranja, sementes de coentro, casca de cássia, raiz de lírio-florentino, raiz de angélica, alcaçuz e um componente secreto.

ÁLCOOL: 44% de álcool em volume.

GIN MARE MEDITERRANEAN GIN

DESCRIÇÃO: Gim espanhol lançado em 2008, fruto de uma associação da Global Premium Brands com a família Giró. Produzido numa destilaria situada na pequena cidade pesqueira espanhola de Vilanova, nos arredores de Barcelona, na Catalunha, é um dos poucos gins no estilo herbal. Em 2015, segundo os principais *barmen* do mundo, foi a décima marca de gim mais solicitada pelos clientes.

PRODUÇÃO: Enquanto as frutas cítricas são maceradas juntas por um extenso período de tempo, a maioria dos outros botânicos é macerada separadamente por cerca de 36 horas e, depois, destilada individualmente em um alambique florentino de 250 litros. Após o término das diversas destilações individuais, todas as partes são misturadas para obter o produto final.

BOTÂNICOS (10): Bagas de zimbro, coentro, cardamomo verde, azeitona arbequina da Catalunha (exclusividade dele),

tomilho, alecrim, manjericão e cítricos da Espanha (laranja doce, laranja-amarga e limão-siciliano).
ÁLCOOL: 42,7% de álcool em volume.

GORDON'S LONDON DRY GIN

DESCRIÇÃO: Gim criado em 1769 pelo escocês Alexander Gordon, que abriu uma destilaria em Londres. Em 1898, houve a fusão da Gordon & Co. com a Charles Tanqueray & Co., criando a Tanqueray Gordon & Co. Esse gim foi originalmente acondicionado em garrafas verdes devido a restrições de fabricação da incolor. A partir de 1903, ambas as cores das garrafas de vidro foram usadas, a verde (com rótulo branco) para o Reino Unido e a clara (com rótulo amarelo) para exportação. Em 1998, a multinacional UDV – então dona da destilaria – concentrou toda a produção de destilados na Escócia. Hoje, essa marca pertence ao grupo Diageo, sendo a mais vendida e famosa do mundo. Em 2015, segundo os principais *barmen* do mundo, foi a nona marca de gim mais solicitada pelos clientes. Desde que eu comecei a degustar gim às cegas, em 1989, ele sempre foi um dos meus preferidos, com nota 5*.
PRODUÇÃO: Destilado três vezes para aumentar a pureza e atingir um grau de secura extra. Os botânicos usados na sua formulação são maturados por 18 longos meses.
BOTÂNICOS (DIVULGADOS PARCIALMENTE): Apenas 12 pessoas, em todo o mundo, conhecem a sua receita secreta. No rótulo são

mencionados três botânicos: bagos de zimbro, sementes de coentro e raiz de angélica.

ÁLCOOL: Vendido com teores alcoólicos diferentes, dependendo do mercado. No Reino Unido, com suas garrafas verdes, foi reduzido de 40% de álcool em volume para 37,5%. Nos Estados Unidos, onde também é produzido localmente, continua a ter 40%. No mercado externo, as suas garrafas incolores com rótulo amarelo são vendidas nas versões de 43% e de 47,3%. É por esse motivo que o Gordon's disponível no Brasil, com 43% ou 47,3% de álcool, é superior ao consumido na Inglaterra, com apenas 37,5% – quem experimenta tem a sensação de que o gim foi diluído.

HAYMAN'S LONDON DRY GIN

DESCRIÇÃO: A família Hayman pertence à mais antiga dinastia de destilação de gim da Inglaterra. Eles descendem de James Burrough, o criador do gim Beefeater. Esse gim foi lançado em 2008, produzido na Thames Distillery londrina. Atualmente, toda a sua produção de gim foi assumida por sua destilaria própria, em Essex. Bebida no estilo refrescante e cítrico.

PRODUÇÃO: Os botânicos ficam em infusão no destilado básico por 24 horas antes da redestilação.

BOTÂNICOS (10): Bagos de zimbro, sementes de coentro, raiz de angélica, casca de laranja, casca de limão-siciliano, raiz de lírio-florentino, casca de cássia, alcaçuz, noz-moscada e canela.

ÁLCOOL: 40% de álcool em volume.

MARCAS DO BRASIL E DO MUNDO

HAYMAN'S FAMILY RESERVE GIN

DESCRIÇÃO: Lançado em 2015, em substituição ao Hayman's 1850 Reserve Gin, que tinha aparecido no mercado em 2011. As 5 mil garrafas comercializadas portam a numeração do lote e da garrafa. Nesse gim, dá-se mais ênfase ao zimbro e ao coentro do que ao estilo cítrico da casa.

PRODUÇÃO: Depois da destilação, matura por três semanas em barris de madeira que foram previamente usados para envelhecer uísque.

BOTÂNICOS (10): Bagos de zimbro, sementes de coentro, raiz de angélica, casca de laranja, casca de limão-siciliano, raiz de lírio-florentino, casca de cássia, alcaçuz, noz-moscada e canela.

ÁLCOOL: 41,3% de álcool em volume.

HENDRICK'S GIN

DESCRIÇÃO: Elaborado desde 1999, na Escócia, pela destilaria William Grant & Sons, conhecida pelos seus uísques. É acondicionado em uma garrafa negra estilo boticário e não menciona a palavra "dry". Em 2015, segundo os principais *barmen* do mundo, foi a terceira marca de gim mais solicitada pelos clientes. Esse gim *superpremium* é um dos melhores do mercado, com um agradável aroma floral e sabor refrescante. É um dos meus prediletos, com nota 5*.

PRODUÇÃO: Resulta do casamento de dois diferentes destilados oriundos de dois raros e pouco usuais alambiques – o *Bennet still* e o *Carter-Head still* –, dando um gim muito macio. Destilado em minúsculos lotes de 500 litros.

BOTÂNICOS (13): Bagos de zimbro, sementes de coentro, raiz de angélica, casca de laranja, casca de limão-siciliano, bagos de cubeba, raiz de lírio-florentino, milefólio, sabugueiro, alcaravia e camomila. Diferencia-se das outras marcas pela adição de uma infusão de pétalas de rosas-damascenas búlgaras e de pepino holandês.

ÁLCOOL: 41,4% de álcool em volume no Reino Unido e 44% nos mercados externos.

ISH LONDON DRY GIN

DESCRIÇÃO: As iniciais do nome são para "*Irresistible Scandalous Hallmark*" (irresistível, escandaloso e marcante). Produzido no coração de Londres pela Thames Distillers para a The Poshmakers, é acondicionado em uma garrafa vermelha e comercializado desde 2011. Gim indicado a quem aprecia bastante o zimbro.

PRODUÇÃO: Gim destilado cinco vezes, cujo álcool base provém de cereais ingleses.

BOTÂNICOS (11): Zimbro (declara no rótulo usar quantidades elevadas), sementes de coentro, raiz de angélica, amêndoas, raiz de lírio-florentino, noz-moscada, canela, casca de cássia, alcaçuz, casca de limão-siciliano e casca de laranja.

ÁLCOOL: 41% de álcool em volume.

MARCAS DO BRASIL E DO MUNDO

JENSEN'S BERMONDSEY LONDON DRY GIN

DESCRIÇÃO: Gim desenvolvido inicialmente por Charles Maxwell, da Thames Distillers, sob encomenda e instruções de Christian Jensen. Desde 2013, passou a ser produzido na Bermondsey Distillery, em Londres. É um gim muito tradicional, baseado em zimbro, com delicadas notas florais e cítricas, ideal para um dry martini.
PRODUÇÃO: Método tradicional em pequeno alambique de cobre.
BOTÂNICOS: Não divulgados, mas só são utilizados botânicos presentes nos gins do século XVIII.
ÁLCOOL: 43% de álcool em volume.

MARCAS LÍDERES DE MERCADO

Anualmente, uma enquete é realizada pela revista *Drinks International*, entre os donos e os *chief-bartenders* dos "World's 100 best bars", para apurar as dez marcas mais vendidas de gim:

	2015	2014	2013	2012
Tanqueray (sco)	1º	1º	1º	2º
Beefeater (eng)	2º	2º	2º	1º
Hendrick's (sco)	3º	6º	5º	4º
Bombay Sapphire (eng)	4º	3º	3º	3º
Monkey 47 (de)	5º	4º	7º	–

CONTINUA ▶

CONTINUAÇÃO ▶

	2015	2014	2013	2012
Plymouth (eng)	6º	7º	–	6º
Fords (eng)	7º	5º	6º	–
Sipsmith (eng)	8º	–	–	–
Gordon's (sco)	9º	–	4º	5º
Gin Mare (es)	10º	9º	–	–

Um terço dos bares consultados em 2015 informou ser o gim a bebida mais frequentemente servida, o que faz dele, de certa forma, o destilado líder desse segmento de mercado.

▌ LANGLEY'S NO. 8 LONDON GIN

DESCRIÇÃO: Produzido para a Charter Brands na centenária Langley's Distillery, mas diluído e engarrafado em Essex. Foi desenvolvido em 2013, para ser encorpado, complexo e formar um ótimo gim-tônica.

PRODUÇÃO: O destilado base de trigo inglês é redestilado com os botânicos no Connie, um pequeno alambique de cobre de 4 mil litros, em pequenos lotes.

BOTÂNICOS (6): Não divulgados, mas parece conter zimbro, sementes de coentro, casca de laranja doce, casca de limão-siciliano, casca de cássia e noz-moscada.

ÁLCOOL: 41,7% de álcool em volume.

MARCAS DO BRASIL E DO MUNDO

MARTIN MILLER'S GIN

DESCRIÇÃO: Martin Miller e dois amigos lançaram esse gim em 1999. É destilado na Langley Distillery, na Inglaterra. A planta de engarrafamento fica na Islândia, para onde eles enviam destilados bastante alcoólicos para serem diluídos em água pura dessa ilha. Tem sabor plenamente cítrico, com notas de zimbro emergindo no meio palato e um final de boca macio.

PRODUÇÃO: Rompendo com a tradição, empregam-se duas etapas de destilação no mesmo alambique de cobre. A primeira é feita com a presença do zimbro e dos botânicos terrosos. A segunda destilação é feita só com os elementos cítricos. Os resultados das duas destilações são então misturados e recebem traços de pepino. Os produtores alegam que essa prática visa acentuar o frescor cítrico do gim.

BOTÂNICOS (10): Bagos de zimbro, sementes de coentro, raiz de angélica, raiz de alcaçuz, casca de cássia, lírio-florentino e uma pequena proporção de casca de limão tahiti (na primeira destilação); casca de laranja-amarga, casca de limão-siciliano e casca de limão tahiti (na segunda destilação).

ÁLCOOL: 40% de álcool em volume.

MARTIN MILLER'S WESTBOURNE STRENGTH GIN

DESCRIÇÃO: Lançado em 2003, atendendo ao apelo dos barmen por uma versão mais alcoólica do gim básico da destilaria. É ideal para coquetéis mais complexos e altamente aromáticos.

OS SEGREDOS
DO GIM

Tem um ataque de boca mais rico e condimentado devido ao sabor dominante do zimbro.

PRODUÇÃO: São duas destilações. A primeira é feita com a presença do zimbro e dos botânicos terrosos. A segunda, só com os elementos cítricos. O resultado das duas destilações é então misturado e recebe traços de pepino.

BOTÂNICOS (10): Bagos de zimbro, sementes de coentro, raiz de angélica, raiz de alcaçuz, casca de cássia, lírio-florentino e uma pequena proporção de casca de limão tahiti (na primeira destilação); casca de laranja-amarga, de limão-siciliano e de limão tahiti (na segunda destilação).

ÁLCOOL: 45,2% de álcool em volume.

MONKEY 47 SCHWARZWALD DRY GIN

DESCRIÇÃO: O oficial-aviador inglês Montgomery Collins criou esse gim nos anos 1950. Para produzi-lo, escolheu a Floresta Negra, região conhecida por destilar muitas aguardentes de frutas. Um terço dos ingredientes da receita desenvolvida por Collins é nativo da Floresta Negra, além de água de nascente de fonte própria do local. Produzido pela Black Forest Distillers, foi comprado em 2016 pela Pernod-Ricard. O número "47" de seu nome refere-se aos 47 botânicos da receita (além de ter 47% de álcool). Cada lote é engarrafado sem filtrar em apenas 2.500 garrafas marrons tipo boticário de 500 ml. Em 2015, segundo os principais *barmen* do mundo, foi a quinta marca de gim mais solicitada pelos clientes.

MARCAS DO BRASIL E DO MUNDO

PRODUÇÃO: O destilado básico é de melaço francês redestilado em pequenos lotes com os botânicos frescos e, posteriormente, maturado por três meses em recipientes de barro tradicionais.

BOTÂNICOS (47): Bagos de zimbro, sementes e folhas de coentro, brotos de abeto da Noruega, monarda escarlate, *cranberries* ou mirtilos-vermelhos (o seu ingrediente de resistência), *lingonberries* ou amoras alpinas, *bilberries* ou mirtilos, framboesas, casca de laranja-amarga, casca de limões, casca de pomelo, seis diferentes tipos de pimenta e hibisco, entre outros.

ÁLCOOL: 47% de álcool em volume.

MONKEY 47 DISTILLER'S CUT SCHWARZWALD DRY GIN

DESCRIÇÃO: Foi lançado no mercado em outubro de 2011 envasado em garrafas marrons tipo boticário de 500 ml. Entretanto, em contraste com a etiqueta púrpura do Monkey 47, a deste gim especial é alaranjada, com um selo lateral azul com os dizeres "Distiller's cut" e o ano de elaboração. Recentemente, liberaram a safra 2015.

PRODUÇÃO: O destilado básico é de melaço francês redestilado em pequenos lotes com os botânicos frescos e, posteriormente, maturado por 12 meses em recipientes de barro tradicionais.

BOTÂNICOS (47): Bagos de zimbro, sementes e folhas de coentro, brotos de abeto da Noruega, monarda escarlate, *cranberries* ou mirtilos-vermelhos (o seu ingrediente de resistência), *lingonberries* ou amoras alpinas, *bilberries* ou mirtilos, framboesas,

casca de laranja-amarga, casca de limões e de pomelo, seis diferentes tipos de pimenta e hibisco, entre outros.
ÁLCOOL: 47% de álcool em volume.

NO. 3 LONDON DRY GIN

DESCRIÇÃO: Essa marca pertence à Berry Bros. & Rudd, famosa e mais antiga firma londrina de vinhos e bebidas alcoólicas. Seu nome refere-se ao endereço na St. James Street onde o escritório está instalado desde 1698. É um dos meus favoritos, com nota 5*.
PRODUÇÃO: Feito em um tradicional alambique de cobre sob encomenda na De Kuyper, uma velha destilaria holandesa de mais de 300 anos localizada em Schiedam.
BOTÂNICOS (6): Bagos de zimbro, casca de laranja doce espanhola, casca de toranja, sementes de coentro, raiz de angélica e cardamomo.
ÁLCOOL: 46% de álcool em volume.

MARCAS DO BRASIL E DO MUNDO

NOLET'S SILVER DRY GIN

DESCRIÇÃO: Fundada em 1691, em Schiedam, a Nolet é a mais antiga destilaria holandesa ainda nas mãos da família fundadora. O gim produzido é frutado e floral, bem diferente dos gins clássicos. Ideal para ser consumido puro e gelado, ou em coquetéis clássicos como o dry martini ou o gim-tônica. É um dos meus prediletos, com nota 5*.

PRODUÇÃO: O destilado base provém de trigo. Os botânicos são destilados ou macerados individualmente para dar ao gim seus distintos sabor e aroma naturais.

BOTÂNICOS (DIVULGADOS PARCIALMENTE): O produtor só relaciona três deles: rosa-da-turquia, pêssego e framboesa. O zimbro, característico dessa bebida, também não é mencionado.

ÁLCOOL: 47,6% de álcool em volume.

NOLET'S RESERVE DRY GIN (GOLD LABEL)

DESCRIÇÃO: O Reserve é talvez o gim mais caro do mercado mundial (em 2013, custava cerca de US$ 700, em contraste com o Silver, que custa por volta de US$ 50). É um gim *superpremium* de edição limitada, acondicionado em garrafas numeradas.

PRODUÇÃO: Foi criado por Carolus Nolet Sr., da décima geração de donos da destilaria, que sozinho aprova cada garrafa. Para cada partida, utiliza pequenos alambiques de cobre. Os botânicos são destilados ou macerados individualmente para obter maior concentração e pureza dos aromas e sabores naturais. A base de gim e os extratos botânicos são então mesclados e repousam por um tempo a fim de alcançar um equilíbrio perfeito de aromas e sabores.

BOTÂNICOS (DIVULGADOS PARCIALMENTE): O produtor só relaciona dois deles: açafrão e verbena. Mais um caso em que os bagos de zimbro não são mencionados, mas com certeza estão lá.

ÁLCOOL: 52,3 % de álcool em volume.

OLD RAJ RED LABEL DRY GIN 46%

DESCRIÇÃO: Gim produzido por um dos mais antigos engarrafadores de uísque *single malte*, a escocesa Wm Cadenhead, fundada em Aberdeen, em 1842, e que passou a produzir gins na sua destilaria de Campbeltown a partir de 1972. Eles são complexos, infundidos com uma grande quantidade de açafrão, dando à bebida seu característico amarelo pálido. A versão de rótulo vermelho e 46% de álcool é um pouco mais acessível que a versão de rótulo azul (55%).

PRODUÇÃO: Uma mistura de álcool e água recebe os botânicos em infusões separadas que são destiladas em um pequeno alambique antes de ser misturadas. O açafrão, por ser uma especiaria muito cara, é adicionado pelo presidente da empresa a fim de manter a consistência de seu sabor único.

BOTÂNICOS (DIVULGADOS PARCIALMENTE): A bebida emprega um conjunto clássico de botânicos, além do açafrão: zimbro, cítricos, coentro, cássia e outros.

ÁLCOOL: 46% de álcool em volume.

OLD RAJ BLUE LABEL DRY GIN 55%

DESCRIÇÃO: Esse gim é bem distinto dos outros, por ser engarrafado com 55% de álcool e conter acentuada presença de açafrão, que, além de dar ao destilado uma coloração amarelada, complementa o aroma dos outros botânicos. Para alguns críticos, a versão de rótulo azul com 55% de álcool é a preferida pelo seu paladar mais arredondado.

PRODUÇÃO: Uma mistura de álcool e água recebe os botânicos em infusões separadas que são destiladas em um pequeno alambique antes do preparo. O açafrão é acrescentado no final pelo presidente da empresa a fim de manter a consistência de seu sabor único.

BOTÂNICOS (DIVULGADOS PARCIALMENTE): Açafrão, bagos de zimbro, sementes de coentro, raiz de angélica, raiz de lírio-florentino, casca de frutas cítricas, casca de cássia, amêndoas moídas e outros.

ÁLCOOL: 55% de álcool em volume.

OXLEY LONDON DRY GIN

DESCRIÇÃO: Gim clássico lançado em 2009, cuja marca pertence à Bacardi-Martini. Produzido na Thames Distillers, é engarrafado em recipientes incolores com o número do lote. É uma bebida muito macia e elegante.

PRODUÇÃO: Usa um processo inovador chamado "*cold distillation*", no qual os botânicos não são expostos ao calor, operando a temperaturas abaixo de zero. Dessa maneira, os sabores não são afetados, passando para a bebida em sua forma natural. A destilação a frio é baseada no princípio de que o ponto de ebulição de todos os líquidos se altera com a mudança de pressão; quanto menor a pressão, mais baixa a temperatura necessária para obter a ebulição. O método utiliza o vácuo para reduzir a pressão dentro do alambique, permitindo que a destilação ocorra a cerca de 5°C negativos. Assim, os vapores são condensados a uma temperatura de 100°C negativos. Ao final, o líquido é engarrafado manualmente. A produção é de apenas 240 unidades diárias, em pequenos lotes.

BOTÂNICOS (14): Bagos de zimbro, casca de toranja, casca de limão-siciliano, casca de laranja, *meadowsweet* (ou ulmeira, uma erva inglesa), baunilha, sementes de coentro, raiz de lírio-florentino, casca de cássia, raiz de alcaçuz, grão-do-paraíso, noz-moscada, anis e cacau.

ÁLCOOL: 47% de álcool em volume.

MARCAS DO BRASIL E DO MUNDO

PLYMOUTH ORIGINAL STRENGTH GIN

DESCRIÇÃO: É o único gim do Reino Unido a ter uma indicação geográfica protegida, só podendo ser produzido na cidade de Plymouth. Hoje, existe apenas uma destilaria fazendo esse gim, a Black Friars Distillery. Foi produzido de 1793 até março de 2004 pela Coates & Co., na cidade inglesa de Plymouth, no sudoeste da Inglaterra. Em 2005, a marca passou para o grupo sueco V&S Group, que fazia a vodca Absolut. Durante essa gestão, foi lançada uma nova garrafa para a bebida, mais esguia e com rótulo azul, substituindo o rótulo tradicional do frade por uma do navio Mayflower. Mas, em 2008, o grupo sueco foi absorvido pelo conglomerado francês Pernod Ricard. Em 2011, sob essa nova gestão, a bebida ganhou outra garrafa, mais bojuda, mas a imagem do navio foi mantida. O estilo Plymouth gin é um pouco menos seco e mais terroso que o London dry gin. Em 2015, segundo os principais barmen do mundo, foi a sexta marca de gim mais solicitada pelos clientes.

PRODUÇÃO: Obtido por destilação tradicional de destilado base oriundo de trigo em alambique de cobre.

BOTÂNICOS (7): Bagos de zimbro, sementes de coentro, casca de limão-siciliano, casca de laranja doce, raiz de angélica, raiz de lírio-florentino e cardamomo.

ÁLCOOL: No mercado britânico ele tem 41,2% de álcool em volume, mas também existe uma versão de 47% distribuída mundialmente.

PLYMOUTH NAVY STRENGTH GIN

DESCRIÇÃO: Por cerca de dois séculos, foi o gim consumido pela British Royal Navy, notadamente nessa versão Plymouth Gin Navy Strength, bem mais alcoólica. O seu alto teor alcoólico amplifica o flavor e a fragrância dos botânicos, mas ainda retém o caráter suave e equilibrado pelo qual o Plymouth gin é reconhecido.

PRODUÇÃO: Obtido por destilação tradicional de destilado base oriundo de trigo em alambique de cobre.

BOTÂNICOS (7): Bagos de zimbro, sementes de coentro, casca de limão-siciliano, casca de laranja doce, raiz de angélica, raiz de lírio-florentino e cardamomo.

ÁLCOOL: 57% de álcool em volume.

PRÍNCIPE DE LOS APÓSTOLES MATE GIN

DESCRIÇÃO: Primeiro gim *premium* argentino, lançado em 2013. Produzido pela Sol de los Andes na região vinhateira de Mendoza. Por ter um estilo bem distinto dos tradicionais London dry gin, não é uma unanimidade entre os apreciadores.

PRODUÇÃO: Depois da maceração individual de cada um dos botânicos, eles são filtrados e reunidos ao álcool para destilação em alambiques de cobre alemão. Os lotes são de 200 litros.

BOTÂNICOS (DIVULGADOS PARCIALMENTE): Os principais, declarados no rótulo, são zimbro, erva-mate, casca de toranja, eucalipto e hortelã.

ÁLCOOL: 40% de álcool em volume.

SACRED LONDON DRY GIN

DESCRIÇÃO: Lançado em 2009 pela Sacred Spirits e produzido em sua microdestilaria londrina na garagem de uma residência. Talvez a sua produção seja a menor entre todos os gins comerciais. É uma bebida fresca, balanceada em cítricos e com notas de cardamomo.

PRODUÇÃO: Totalmente não usual, empregando microdestilações a vácuo em aparelhagem de vidro em vez de alambiques de cobre. A destilação é realizada em temperaturas de 35°C a 45°C para extrair com mais brandura os aromas dos botânicos, que são destilados separadamente com álcool neutro de trigo inglês. Posteriormente, os 12 lotes são mesclados para obter o produto final.

BOTÂNICOS (12): Zimbro, cardamomo, noz-moscada, resina de olíbano ou franquincenso (*Boswellia sacra*), cuja resina aromática é usada na fabricação de incenso – razão do nome do gim –, e outros.

ÁLCOOL: 40% de álcool em volume.

OS SEGREDOS DO GIM

SACRED JUNIPER GIN

DESCRIÇÃO: Gim lançado em 2013 que já tem uma imensa legião de fãs amantes do zimbro. O mestre destilador Ian Hart recomenda servir esse gim inusitado com água tônica, cubos de gelo, dois bagos de zimbro e um bastonete de alcaçuz.

PRODUÇÃO: Com a mesma aparelhagem de vidro do Sacred London Dry Gin.

BOTÂNICOS (3): Fortemente baseado no zimbro, além de raiz de angélica e lírio-florentino.

ÁLCOOL: 43,8% de álcool em volume.

SAFFRON GIN

DESCRIÇÃO: Gim francês lançado em 2008 pela Gabriel Boudier, sediada em Dijon e famosa pelo seu Crème de cassis (muito usado para fazer o drinque kir). Sua coloração alaranjada decorre do açafrão que o compõe.

PRODUÇÃO: Os botânicos são macerados com o destilado base de trigo antes de ser redestilados artesanalmente em pequenos lotes em um alambique de cobre. O açafrão é acrescentado no final.

BOTÂNICOS (8): Zimbro, coentro, limão-siciliano, casca de laranja, sementes de angélica, raiz de lírio-florentino, erva-doce e açafrão.

ÁLCOOL: 40% de álcool em volume.

MARCAS DO BRASIL E DO MUNDO

SEAGERS DRY GIN

DESCRIÇÃO: É o gim brasileiro mais tradicional, produzido há mais de 50 anos pela Stock do Brasil. É um gim correto, que não empolga nem decepciona.
PRODUÇÃO: Sob a supervisão da empresa londrina Seagers Evans & Co.
BOTÂNICOS: Não divulgados.
ÁLCOOL: 45,3% de álcool em volume.

SIPSMITH LONDON DRY GIN

DESCRIÇÃO: O fabricante é uma microdestilaria fundada em 2009 e pertencente à Distilled Beverage, com sede em Londres. Gim no estilo clássico com forte presença de zimbro no ataque do palato e notas cítricas no retrogosto. As garrafas são numeradas com a indicação do lote. Em 2015, segundo os principais *barmen* do mundo, foi a oitava marca de gim mais solicitada pelos clientes.
PRODUÇÃO: O seu pequeno alambique de cobre tem capacidade para apenas 300 litros, rendendo menos de 300 garrafas por lote.
BOTÂNICOS (10): Bagos de zimbro, sementes de coentro, raiz de angélica, raiz de alcaçuz, raiz de lírio-florentino, amêndoas moídas, canela, casca de cássia, casca de laranja-amarga e casca de limão-siciliano.
ÁLCOOL: 41,6% de álcool em volume.

SIPSMITH V.J.O.P. LONDON DRY GIN

DESCRIÇÃO: É o gim especial da Sipsmith, lançado em 2013. A sigla V.J.O.P. significa "very junipery over proof". O teor alcoólico desse gim é mais alto que o do Sipsmith London Dry Gin e recebe outra formulação, aumentando significativamente a participação do zimbro nos botânicos.

PRODUÇÃO: Emprega um método de destilação em três estágios, cada um deles com adição de zimbro.

BOTÂNICOS (10): Bagos de zimbro, sementes de coentro, raiz de angélica, raiz de alcaçuz, raiz de lírio-florentino, amêndoas moídas, canela, casca de cássia, casca de laranja-amarga e de limão-siciliano.

ÁLCOOL: 57,7% de álcool em volume.

TANQUERAY LONDON DRY GIN

DESCRIÇÃO: Criado nos anos 1830, em Londres, por Charles Tanqueray, hoje é produzido na Escócia e a marca pertence à Tanqueray Gordon & Co., empresa do grupo Diageo. É uma bebida cremosa, na qual a falta de botânicos cítricos a torna um pouco mais terrosa do que muitos outros gins, mas o coentro sugere limão no nariz. É a quinta marca de gim mais vendida no mundo. Em 2015, segundo os principais barmen do mundo, foi a primeira marca mais solicitada pelos clientes.

PRODUÇÃO: Utiliza um processo único de quádrupla destilação com álcool neutro de grãos de trigo. As primeiras três destilações ocorrem em um destilador contínuo, sem pausas entre elas. A segunda destilação é chamada de purificação; a terceira, de retificação. E, por fim, a quarta destilação acontece num destilador de cobre separado. À medida que o líquido é vaporizado, ele é infusionado com os botânicos.

BOTÂNICOS (DIVULGADOS PARCIALMENTE): A receita é secreta e o fabricante divulga apenas quatro botânicos: bagos de zimbro, sementes de coentro, raiz de angélica e de alcaçuz.

ÁLCOOL: É vendido com 47,3% de álcool no mercado externo e com 43,1% no Reino Unido.

TANQUERAY NO. TEN GIN

DESCRIÇÃO: É um gim *superpremium*, desenvolvido em 2000 pela Diageo. Leva o nome "Tiny Ten", o apelido do alambique onde é produzido. É um excelente gim encorpado, refrescante e com um caráter assaz cítrico. De acordo com muitos dos principais bartenders do mundo, é o gim perfeito para o dry martini. É um dos meus gins favoritos, com nota 5*.

PRODUÇÃO: É produzido artesanalmente, em pequenos lotes, num pequeno e especial destilador descontínuo.

BOTÂNICOS (DIVULGADOS PARCIALMENTE): É o único gim que usa frutas cítricas inteiras e frescas na sua composição, como toranjas brancas e limão tahiti, juntamente com bagas de zimbro, coentro e uma pitada de flores de camomila, entre outros.

ÁLCOOL: 47,3% de álcool em volume.

OS SEGREDOS
DO GIM

TANQUERAY RANGPUR GIN

DESCRIÇÃO: É um gim destilado especial, de sabor forte e refrescante e aroma de cítricos, ficando o zimbro menos perceptível. É uma bebida deliciosa, que pode ser servida com Schweppes Citrus, gelo e uma rodela de limão. Lançado em 2006 pela Tanqueray.

PRODUÇÃO: Similar à dos demais produtos dessa destilaria.

BOTÂNICOS (DIVULGADOS PARCIALMENTE): Bagos de zimbro, *rangpur lime*, coentro, folhas de louro e gengibre, entre outros. A *rangpur lime* ou *canton lemon*, fruta indiana, não é como um limão tahiti (*lime*) mas um híbrido de limão-siciliano (*lemon*) e de tangerina.

ÁLCOOL: 41,3% de álcool em volume.

THE BOTANIST ISLAY DRY GIN

DESCRIÇÃO: Produzido pela Bruichladdich Distillery, tradicional destilaria escocesa de uísque, desde 2010. Gim denso, complexo e bem floral, com um retrogosto condimentado.

PRODUÇÃO: A bebida é redestilada em pequenos lotes em um alambique Lomond, à baixa pressão, por 17 horas, cerca de três vezes mais que o normal. Em contrapartida, os botânicos são incorporados mais lenta e gentilmente, gerando um gim mais complexo.

BOTÂNICOS (31): Nove botânicos clássicos (bagos de zimbro, sementes de coentro, raiz de angélica, raiz de lírio-florentino, casca de cássia, raiz de alcaçuz, casca de canela, casca de laranja, casca de limão-siciliano e 22 outros nativos colhidos na ilha.

ÁLCOOL: 46% de álcool em volume.

THE LONDON NO. 1 GIN

DESCRIÇÃO: O No. 1 Original Blue Gin é produzido em Londres, pela Thames Distillers, para a Gonzalez Byass UK, empresa de bebidas espanhola. A bebida tem coloração azul-turquesa, resultado da maceração das flores de gardênia que impregnam o gim. É precisamente esse tom azulado que o impede de ser classificado como London dry gin.

PRODUÇÃO: Os grãos de cereais do álcool neutro base provêm de Suffolk e Norfolk. É triplamente destilado. As duas primeiras destilações são feitas com o método básico e a última com as ervas e especiarias, para preservar intactos o odor e o sabor.

BOTÂNICOS (12): Bagos de zimbro, sementes de coentro, raiz de angélica, casca de cássia, canela, casca de limão-siciliano, casca de laranja, raiz de lírio-florentino, amêndoas, bergamota, segurelha e alcaçuz.

ÁLCOOL: 47% de álcool em volume.

VIRGA GIM SECO DO BRASIL

DESCRIÇÃO: É um gim *premium* brasileiro da primeira leva lançado no segundo semestre de 2016. Elaborado numa fazenda paulista por três amigos brasileiros (entre eles Felipe Januzzi do site Mapa da Cachaça) e um holandês (Joshua Niemann do site Ginfest), com a consultoria do mestre destilador Gabriel Foltran da Cachaça Engenho Pequeno, de Pirassununga. É uma bebida indicada para quem gosta de cachaça: harmoniza melhor em uma caipirinha de gim do que num gim-tônica.

PRODUÇÃO: Feito de álcool neutro de cana-de-açúcar destilado em alambique de cobre, aquecido por fogo a lenha.

BOTÂNICOS (DIVULGADOS PARCIALMENTE): Bagos de zimbro, sementes de pacová (planta nativa que lembra o cardamomo), sementes de coentro e outros.

ÁLCOOL: 45% de álcool em volume.

WHITLEY NEILL LONDON DRY GIN

DESCRIÇÃO: É um gim artesanal lançado em 2005 por Johnny Neill, um descendente direto de Thomas Greenall. Produzido na Langley's Distillery, contém dois botânicos africanos – fruta de baobá e groselhas do Cabo – que dão ao gim um toque exótico ao paladar e o diferenciam de outros. É um pouco mais suave do que os gins mais tradicionais, perfeito para os fãs dos estilos mais leves. As garrafas portam a numeração de cada lote.

PRODUÇÃO: Destilado em pequenos lotes em um antigo alambique de cobre. É feito a partir de álcool 100% de cereais, que é macerado com os botânicos antes da destilação.

BOTÂNICOS (9): Bagos de zimbro, sementes de coentro, groselha, fruta do baobá, casca de limão-siciliano doce, casca de laranja doce, raiz de angélica, casca de cássia e raiz de lírio-florentino.

ÁLCOOL: 42% de álcool em volume.

WILLIAMS CHASE ELEGANT CRISP GIN

DESCRIÇÃO: É o único gim britânico *single estate* produzido desde 2008 na Chase Distillery, em Herefordshire. Tem um estilo diferente, encorpado, cítrico, condimentado e uma leve nota de maçã no retrogosto.

PRODUÇÃO: As maçãs da propriedade são fermentadas em sidra e posteriormente destiladas para obter a base neutra. Essa base é, então, redestilada com os botânicos em um pequeno alambique Carter-Head.

BOTÂNICOS (11): Zimbro, sementes de coentro, raiz e sementes de angélica, raiz de alcaçuz, lírio-florentino, casca de laranja, casca de limão-siciliano, lúpulo, sabugueiro e maçã Bramley fresca.

ÁLCOOL: 48% de álcool em volume.

🔖 WILLIAMS GB EXTRA DRY GIN

DESCRIÇÃO: Elaborado para ser mais seco que o Elegant Crisp, empregando o mesmo destilado base, mas diferentes botânicos. As iniciais GB significam "*Great British*", ou seja, "grande britânico".

PRODUÇÃO: O destilado base neutro é de maçã fermentada em sidra e destilada até obter a base neutra. Essa base é, então, redestilada com os botânicos.

BOTÂNICOS (11): Gomos e bagas de zimbro, canela, noz-moscada, gengibre, amêndoas, sementes de coentro, cardamomo, cravo, alcaçuz e casca de limão-siciliano.

ÁLCOOL: 40% de álcool em volume.

🔖 XORIGUER GIN

DESCRIÇÃO: Gim espanhol proveniente da ilha de Menorca que possui, a exemplo do Plymouth gin, uma denominação protegida: "Especialidad Tradicional Garantizada", a E.T.G. Mahón. Comercializado numa curiosa garrafa de vidro com uma orelha, também de vidro, é um gim predominantemente herbal.

PRODUÇÃO: O destilado base é de origem vínica e não de cereais. Redestilado em antigos alambiques de cobre, o produto final é armazenado em grandes barris usados de carvalho antes de ser engarrafado.

BOTÂNICOS (DIVULGADOS PARCIALMENTE): Zimbro e ervas aromáticas das terras mediterrâneas vizinhas.

ÁLCOOL: 38% de álcool em volume.

MARCAS DO BRASIL E DO MUNDO

1. Beefeater Distillery (Londres): Beefeater, Beefeater 24, Beefeater Burrough's Reserve
2. Bermondsey Distillery (Londres): Jensen's Bermondsey
3. Berry Bros. & Rudd (Londres): o No. 3 London é comercializado nessas instalações
4. City of London Distillery (Londres): City of London, City of London Square Mile
5. Sacred Microdistillery (Londres): Sacred, Sacred Juniper, Sacred Coriander, Sacred Cardamom
6. Sipsmith Distillery (Londres): Sipsmith, Sipsmith V.J.O.P.
7. Thames Distillers (Londres): Bayswater, Darnley's View, Darnley's View Spiced, Fifty Pounds, Fords, Geranium, Ish, Oxley, Pinkster, The Corinthian, The London No. 1
8. Bombay Sapphire Distillery (Whitchurch, Hampshire): Bombay Sapphire
9. Black Friars Distillery (Plymouth, Devon): Plymouth Original Strength, Plymouth Navy Strength
10. Hayman's Distillers (Witham, Essex): Hayman's, Hayman's Family Reserve
11. Adnams Copper House Distillery (Southworld, Suffolk): Adnams First Rate Finest Cut, Adnams Copper House
12. Chase Distillery (Little Marcle, Herefordshire): Williams Chase Elegant Crisp, Williams Chase GB Extra Dry
13. Langley's Distillery (Oldbury, West Midlands): Broker's, Finsbury, Finsbury 47, Langley's No. 8, Martin Miller's, Martin Miller's Westbourne Strength, Whitley Neill
14. G&J Distillers (Warrington, Cheshire): Berkley Square, Bloom, Greenall's Original, Opihr (marcas próprias), além de Boodles, Brockmans, Bulldog
15. William Grant & Sons Distillers/Girvan Distillery (Girvan, Escócia): Hendrick's
16. Wm Cadenhead Distillers (Campbeltown, Escócia): Old Raj Blue Label, Old Raj Red Label
17. Bruichladdich Distillery (Bruichladdich, Escócia): The Botanist Islay
18. Cameronbridge Distillery (Leven, Escócia): Gordon's, Tanqueray, Tanqueray No. Ten, Tanqueray Rangpur
19. Inver House Distillers/Balmenach Distillery (Speyside, Escócia): Caorunn

MAPA DAS DESTILARIAS BRITÂNICAS

MARCAS PRESENTES NO BRASIL

O Brasil já teve mais marcas de gim do que hoje em dia. Em 1989, as de melhor nível eram cinco: Bols (Bols), Bosford (Martini & Rossi), Burnett's (Seagram), Gilbeys (a melhor de todas; na época da Cinter, depois da Diageo) e Seagers (Stock do Brasil). Em comparação, nesse mesmo ano, praticamente só se encontravam no nosso mercado quatro rótulos britânicos: Beefeater, Bombay, Gordon's e Tanqueray.

Em meados de 2016, a situação inverteu-se, só restando uma marca nacional razoável: Seagers. Por outro lado, hoje é possível encontrar no país maior diversidade de gins importados: Barrymore (it), Beefeater (eng), Beefeater 24 (eng), Bombay Sapphire (eng), Botanic Premium (es), Botanic Ultra Premium (es), Bulldog (eng), E7 Escape (ch), Gin Mare (es), Gordon's (sco), Hendricks (sco), Príncipe de los Apóstoles (ar), Saffron (fr), St. Paul (eng), Tanqueray (sco), Tanqueray No Ten (sco), Thames (it), The London No. 1 (eng) e William Peel (eng/fr).

Mais recentemente, juntaram-se ao time os seguintes gins estrangeiros: Bobby's Schiedam (nl), Boompjes Old Dutch (nl), G'Vine Floraison (fr), G'Vine Nouaison (fr), Gin & Jonnie Gastro (nl), Malfy (it), Ish (eng), Martin Miller's (eng), Martin Miller's Westbourne (eng), Monkey 47 (de), Plymouth Original Strength (eng) - que já tinha sido importado entre os anos de 2007 e 2013 –, Sylvius (nl), Sipsmith (eng), The Botanist Islay (sco) e Xoriguer (es).

No segundo semestre de 2016, na esteira do *boom* do gim, surgiram os primeiros gins *premium* de pequenos lotes produzidos no Brasil. Os pioneiros foram Arapuru, Draco e Virga.

MARCAS FAVORITAS

A maioria das marcas que já tive a oportunidade de provar está assinalada no item "Painéis de degustação de gim" do capítulo "Consumo". Os meus gins prediletos, destacando-se dos demais relacionados, em ordem alfabética dentro de cada nível, são os listados a seguir:

5* Beefeater	Pernod Ricard	ENG
5* Gordon's	Diageo	SCO
5* Hendrick's	William Grant & Sons	SCO
5* Nolet's Silver	Nolet's	NL
5* No. 3 London	Berry Bros. & Rudd	NL
5* Tanqueray No. Ten	Diageo	SCO

4,5* City of London	City of London	ENG
4,5* Fords	The 86 Co.	ENG
4,5* G'Vine Nouaison	EuroWineGate	FR
4,5* Geranium Premium	Hammer & Son	ENG

OS SEGREDOS DO GIM

★★★★★

4,5* Martin Miller's Westbourne	The Reformed Spirits	ENG
4,5* Oxley	Oxley Spirits	ENG
4,5* Plymouth Navy Strength	Pernod Ricard	ENG
4,5* Plymouth Original	Pernod Ricard	ENG
4,5* Tanqueray Rangpur	Diageo	SCO

★★★★

4* Beefeater 24	Pernod Ricard	ENG
4* Bombay Sapphire	Bacardi-Martini	ENG
4* Fifty Pounds	Fifty Pounds	ENG
4* Martin Miller's	The Reformed Spirits	ENG
4* Old Raj Blue Label 55%	Wm Cadenhead	ENG
4* Tanqueray	Diageo	SCO

★★★

3,5* Berkeley Square	G&J Greenall	ENG
3,5* Blackwoods Vintage 2012 60%	Distil Co.	SCO
3,5* Bobby's Schiedam	Bobby's	NL
3,5* Botanic Ultra Premium	William & Humbert	ES
3,5* Bulldog	Bulldog/Campari	ENG
3,5* Citadelle	Maison Ferrand	FR
3,5* Draco	Draco	BR
3,5* Gin & Jonnie Gastro	Onder de Boompjes	NL

MARCAS DO BRASIL E DO MUNDO

★★★

3,5* Gin Mare	Gin Mare	ES
3,5* No. 209 Gin	Distillery No. 209	US
3,5* Sipsmith	Distilled Beverage	ENG
3,5* The Botanist Islay	Bruichladdich	SCO
3,5* Uncle Val's Botanical	3 Badge Mixology	US
3,5* VL 92 Moutwijn	H. Van Toor Jz.	NL
3,5* Whitley Neill	Whitley Neill	ENG

★★★

3* Broker's	Broker's	ENG
3* Caorunn	Inver House	SCO
3* Citadelle Réserve	Maison Ferrand	FR
3* Darnley's View	Wemyss	SCO
3* Death's Door	Death's Door	US
3* Farmer's Organic	Crop Harvest Earth	US
3* F.E.W. Standard Issue	F.E.W.	US
3* Ginraw Gastronomic	Antonio Mascaró	ES
3* Half Moon Orchard	Tuthilltown	US
3* Hayman's	Hayman's	ENG
3* Jodhpur	Beveland	ENG/ES
3* Monkey 47	Black Forest Distillers	DE
3* Sacred	Sacred Spirits	ENG
3* Seager's	Stock do Brasil	BR

3* The Corinthian	The Brand Builder	ENG
3* The London nº 1	Gonzalez Byass UK	ENG
3* William Peel	William Pitters	ENG/FR

2,5* Arapuru	Arapuru	BR
2,5* Curious	Catskill	US
2,5* G'Vine Floraison	EuroWineGate	FR
2,5* Organic Premium 2011	Josef Farthofer	AT
2,5* Sylvius	Onder de Boompjes	NL

2* Brockmans	Brockmans Genuine	ENG
2* Príncipe de los Apóstoles	Príncipe de los Apóstoles	AR
2* Ransom Old Tom	Ransom Spirits	US
2* Sharish Alentejo 2015	Sharish	PT
2* Venus Gin Blend No. 2 Oak	Venus	US
2* Virga	Virga	BR

Gins interessantes que ainda não foram provados: Adnams Copper House (eng), Adnams First Rate Finest Cut (eng), Bayswater Premium (eng), Beefeater Burrough's Reserve (eng), Blackwoods Vintage 40% (sco), Botanic Premium (es), City of London Square Mile (eng), Darnley's View Spiced (sco), Hayman's Family Reserve (eng), Ish (eng), Jensen's Bermondsey (eng), Langley's No. 8 (eng), Monkey 47 Distiller's Cut (de), Nolet's Reserve (nl), Old Raj Red Label 46% (eng), Sacred Juniper (eng), Saffron (fr), Sipsmith V.J.O.P. (eng), Williams Chase Elegant Crisp (eng), Williams GB Extra Dry (eng) e Xoriguer (es).

CONSUMO

ESTILOS DE GIM

Conforme a seleção e a mistura dos botânicos empregados, o gim apresenta determinado estilo ou personalidade. Os diversos estilos de gim podem ser divididos em sete grandes grupos classificados pela família aromática dos ingredientes utilizados em seus componentes botânicos ou pelo método de produção. São eles:

CLÁSSICOS: Gins nos quais o zimbro predomina, como o Beefeater e o Gordon's.

FLORAIS: Gins com toques florais. Um famoso representante desse estilo é o excelente Hendrick's, que leva pétalas de rosas búlgaras. O holandês Nolet's Silver, menos conhecido mas também de alto nível, tem rosas turcas em sua composição.

FRUTAS CÍTRICAS: Os botânicos predominantes dos gins desse grupo são os cítricos. Uma sábia escolha é o ótimo Tanqueray No. Ten, que utiliza frutas cítricas inteiras, como toranjas e limas.

FRUTAS VERMELHAS: Em geral, gins que levam frutas silvestres como amoras, framboesas e groselha. O perfumadíssimo Brockmans leva amoras e mirtilos.

HERBAIS: Esses gins combinam especiarias como o açafrão, o alecrim e o tomilho. Destacamos o inglês Old Raj e o francês

OS SEGREDOS DO GIM

Saffron, ambos com açafrão; e o espanhol Gin Mare, com alecrim, manjericão e tomilho.

CONDIMENTADOS: Na receita desses gins entram pimentas e condimentos de sabor picante como a canela e o alcaçuz. Exemplos desse grupo são o francês Citadelle com 19 botânicos, o escocês The Botanist Islay com 31 deles e o alemão Monkey 47, que indica no nome quantos botânicos contém: 47.

BARRICADOS: São os gins envelhecidos em barris de carvalho, geralmente mais caros, de sabor que nem sempre agrada aos degustadores. O britânico Beefeater Burrough's Reserve, o francês Citadelle Réserve e o anglo-espanhol Jodhpur Reserve são exemplos de gins barricados.

FORMAS DE CONSUMO

O gim pode ser apreciado de diversas formas, dependendo do clima, da ocasião ou da preferência pessoal.

PURO: Uma das minhas formas prediletas de consumo. Nesse sentido, sempre tenho uma garrafa de gim no congelador. Para consumi-lo puro, uma pequena taça especial (conforme o modelo nº 4400/71 da linha *sommelier* da Riedel), que também uso para degustar os melhores *cognacs* e *armagnacs*, é perfeita.

GIM COM ÁGUA MINERAL NÃO GASOSA: Essa alternativa costuma ser adotada em degustações às cegas de muitas amostras de gim. A proporção ideal é de um terço de água para cada dose

CITADELLE RÉSERVE

CONSUMO

de gim. Os conhecedores britânicos, no entanto, o preferem simplesmente com água mineral sem gás.

GIM-TÔNICA: Essa é a forma como o gim é mais consumido no Reino Unido, na Espanha e em Portugal. Por ser bastante refrescante é o meu favorito nos dias de calor, à beira-mar, em uma piscina ou em um bar.

GIM COM BEBIDAS PRONTAS: Uma forma rápida e simplificada de consumir o gim é misturá-lo a sucos prontos, como o suco de limão Del Valle Limão&Nada ou o Taeq Limonada Orgânica (menos adocicados), e cubos de gelo. Uma sugestão ainda mais gostosa é adicionar Schweppes Citrus, um refrigerante à base de suco de maçã, laranja e toranja. A proporção é um quinto de gim para quatro quintos de bebida pronta.

COQUETEL DE GIM: Uma das maneiras mais sofisticadas de consumi-lo.

COQUETÉIS *ON TAP* (NA TORNEIRA)

São coquetéis pré-preparados e servidos usando uma tecnologia originalmente desenvolvida para o chope e o vinho. A bebida é colocada em barris e um sistema de gás transporta o drinque do barril até a torneira.

Esse sistema foi criado nos Estados Unidos, para grandes bares que necessitam servir drinques iguais em alta velocidade. No Brasil, alguns bares já estão utilizando o sistema, como o Astor, de São Paulo, que tem sempre duas torneiras com drinques. Lá tomei um ótimo Cardinale.

A ESCOLHA DA MARCA DE GIM

DEPENDE DO TIPO DE BEBIDA QUE SE QUER TOMAR.

A escolha da marca de gim depende do tipo de bebida que se quer tomar. Os gins mais econômicos são apropriados para coquetéis de frutas ou com muitas outras bebidas. Entretanto, as marcas *premium*, *superpremium* e *ultrapremium*, são as mais indicadas para drinques com uma grande quantidade de gim, realçando, dessa forma, a qualidade do destilado.

COMO DEGUSTAR O GIM

Para degustar um gim convém servi-lo em uma taça de boca fechada, tipo ISO de degustação de vinhos, que servirá para fazer a análise visual e concentrar os aromas ao girarmos o líquido do interior. Depois de visualizar e sentir o perfume, adicione um terço de água mineral pura sem gás para diluir e amplificar o sabor da bebida sem alterá-la.

O gim é uma bebida destilada e redestilada, assim como a vodca. Mas, ao contrário desta, que é neutra, o estágio de redestilação do gim é feito em contato com bagos de zimbro e de outros componentes botânicos aromáticos (*botanicals*). Logo, o mais importante ao degustar um gim é reconhecer o caráter ou personalidade que provém desses aromatizantes, principalmente o zimbro.

As características demonstradas pelos melhores exemplares, quando bebidos puros, são as seguintes: ausência de cor (incolor), pois, assim como a vodca, e ao contrário do conhaque e do uísque, o gim é uma bebida para ser consumida sem envelhecimento; inúmeras estrias por causa da elevada

AO LADO
Coquetel on tap do bar Astor.

alcoolicidade; aroma intenso e delicadamente perfumado; visualmente denso, oleoso; no palato, seco e com álcool equilibrado, denotando o caráter típico de zimbro; e retrogosto longo e agradável.

GINS COLORIDOS?

A maioria esmagadora dos gins é incolor, inclusive os mais nobres entre todos – os London gin, que por lei não devem ser coloridos. Entretanto, existem no mercado algumas marcas de gins coloridos, entre elas:

- Magellan: Coloração azul-clara das pétalas de lírio.
- The London No. 1: Coloração azul-turquesa das flores de gardênia.
- Saffron: Coloração alaranjada do açafrão.
- Pinkster: Coloração rosada das framboesas frescas.
- Citadelle Réserve: Coloração âmbar do envelhecimento em carvalho.

FICHA DE DEGUSTAÇÃO DE GIM

Para facilitar a análise dos gins degustados em uma prova às cegas, desenvolvi a ficha a seguir com base em ficha de degustação de vinhos, também de minha autoria.

FICHA DE DEGUSTAÇÃO DE GIM

Painel		Local	
Degustador		Data	Hora

Exames		Amostras					1	2	3	4	5	6	7	8
		Muito bom	Bom	Médio	Medíocre	Inferior								
Visual	Limpidez	10	8	6	4	2								
Olfativo	Aroma	30	24	18	12	6								
Gustativo	Sabor	20	16	12	8	4								
	Tipicidade	20	16	12	8	4								
Final	Retrogosto	20	16	12	8	4								
						Total de pontos								

Comentários

Relação dos gins		Escala de avaliação	
1		96-100	Extraordinário
2		91-95	Excelente
3		85-90	Ótimo
4		80-84	Muito bom
5		70-79	Bom
6		60-69	Regular
7		0-59	Insatisfatório
8			

MÉTODO: J. O. AMARANTE

PAINÉIS DE DEGUSTAÇÃO DE GIM

Das inúmeras degustações de gim por mim realizadas, às cegas ou não, selecionei as mais interessantes:

REVISTA PLAYBOY (setembro 1989)

Realizada no Nacional Club, em São Paulo, organizada por Ricardo Castilho, cabendo a mim escrever o texto "As lições de um degustador". Participantes: Amauri Faria, Carlos Alberto de Ranieri, Clóvis Siqueira (saudoso amigo), Emídio Dias, Heitor Vignoli, Jorge Lucki, José Ruy Sampaio, Paulo Bastos, Paulo Camargo Broccá, Rubens Caporal e eu.

Painel	Notas Pos. JOA*
1º Gordon's (sco)	88 (1º)
2º Tanqueray (sco)	84 (2º)
3º Beefeater (eng)	60
4º Bosford (br)	60
5º Seager's (br)	66
6º Gilbey's (br)	78
7º Bols (br)	48
8º Burnett's (br)	56

* "Notas Pos. JOA" (notas posição José Osvaldo do Amarante) são as notas que o autor deu para cada gim na degustação. Os números entre parênteses, ao lado de algumas notas, indicam a ordenação do autor, que nem sempre coincide com a ordenação do grupo, assinalada na primeira coluna.

RESIDÊNCIA (janeiro 2008)
Junto com meu filho, Henrique.

1º Gordon's (sco)
2º Tanqueray Ten (sco)
3º Tanqueray (sco)
4º Plymouth Original (eng)
5º The London No. 1 (eng)

REVISTA GOWHERE GASTRONOMIA (janeiro 2011)

Reportagem de Celso Arnaldo, organizada por mim e realizada no restaurante North Grill, em São Paulo. Participantes: Alexandre Ferreira, Daniel Costa, Derivan de Souza (bartender), Ênio Vergeiro, Gabriel Zipman, Márcia Martins (barmade) e eu.

Painel	Notas Pos. JOA
1º Hendrick's (sco)	92 (1º)
2º Gordon's (sco)	89 (2º)
3º Beefeater (eng)	82
4º Plymouth Original (eng)	87
5º Bombay Sapphire (eng)	86
6º Tanqueray (sco)	72
7º Seager's (br)	78
8º Tanqueray Ten (sco)	88 (3º)

RESIDÊNCIA (abril 2013)
Com minha esposa, Maria Luiza, e meu filho, Henrique.

Painel	Notas Pos. JOA
1º Hendrick's (sco)	92 (1º)
2º Bulldog (eng)	90 (2º)
3º Gordon's (sco)	86

REVISTA GOSTO (julho 2013)
Reportagem de Walterson Sardenberg, organizada por mim e realizada no bar Astor, em São Paulo. Participantes: Antonio Mendes, Edgard Bueno da Costa (sócio do Astor), Ibrahim Zouein, o articulista e eu.

Painel	Notas Pos. JOA
1º Beefeater (eng)	92 (1º)
2º Hendrick's (sco)	91 (2º)
3º Gordon's (sco)	87 (4º)
4º Tanqueray Ten (sco)	90 (3º)
5º Bombay Sapphire (eng)	84
6º Botanic Ultra Premium (es)	82
7º Gin Mare (es)	76
8º Seager's (br)	80
9º Tanqueray (sco)	72
10º Bulldog (eng)	74

NORTH FREI CANECA (agosto 2013)

Organizada por mim e realizada no restaurante North Bar e Grill, em São Paulo. Participantes: Antonio Mendes, Bruno Airaghi, Ibrahim Zouein, José Antonio Dias Lopes e eu.

Painel	Notas Pos. JOA
1º Hendrick's (sco)	91 (1º)
2º Gordon's (sco)	90 (2º)
3º Tanqueray Ten (sco)	90 (2º)
4º Beefeater (eng)	87
5º Bulldog (eng)	88

DRY MARTINI, BARCELONA (outubro 2013)

Realizada no mais famoso bar da Espanha.

CITADELLE RÉSERVE: Esse gim francês envelhecido seis meses em barricas de carvalho revelou-se um pouco decepcionante para mim. Tem cor amarelo pálido. No aroma é complexo, já na boca é tânico, muito abaunilhado e sem refrescância. Em suma, não é meu estilo de gim (nota 84).

EMPÓRIO FREI CANECA (fevereiro 2014)

Organizada por mim e realizada na sala privada do Empório Frei Caneca, em São Paulo. Participantes: Antonio Mendes, Gérson Morelli, Ibrahim Zouein, Mário Separovic Rodrigues, Newton Barros, Ricardo Fidelis e eu.

Painel	Notas Pos. JOA
1º Beefeater (eng)	90 (3º)
2º Citadelle (fr)	86,5
3º Monkey 47 (de)	86
4º The London No. 1 (eng)	84
5º Tanqueray Ten (sco)	89 (4º)
6º Jodhpur (eng/es)	85
7º Martin Miller's Westbourne (eng)	92 (1º)
8º Fifty Pounds (eng)	88 (5º)
9º Gordon's (sco)	91 (2º)
10º Broker's (eng)	83
11º Beefeater 24 (eng)	87
12º Hendrick's (sco)	87,5 (6º)
13º William Peel (eng/fr)	87
14º G'Vine Floraison (fr)	65

RESIDÊNCIA (fevereiro 2014)

Com meu filho, Henrique.

Painel	Notas Pos. JOA
1º Hendrick's (sco)	92 (1º)
2º Fifty Pounds (eng)	90 (3º)
3º Gordon's (sco)	91 (2º)
3º Citadelle (fr)	87
5º Martin Miller's Westbourne (eng)	89 (4º)
6º Jodhpur (eng/es)	84
7º Monkey 47 (de)	80
8º G'Vine Floraison (fr)	76

BAR BAR. (junho 2014)

Organizada por Marcos Llopis Lee, sócio do Bar., em São Paulo. Participantes: Marcos Llopis Lee, Rafael Vaz da Cruz, meu filho, Henrique, e eu.

Painel	Notas Pos. JOA
1º Nolet's Silver (nl)	94 (1º)
2º Tanqueray Ten (sco)	91 (2º)
2º Tanqueray Rangpur (sco)	91 (2º)
4º Oxley (eng)	90 (4º)
4º Uncle's Val (us)	90 (4º)
6º Beefeater (eng)	89
6º Half Moon Orchard (us)	89
6º Farmer's Organic (us)	89

CONTINUA ▶

CONTINUAÇÃO ▶

Painel	Notas Pos. JOA
9º Death's Door (us)	88
9º Curious (us)	88
11º Citadelle (fr)	87
12º Tanqueray (sco)	86
12º Ransom Old Tom (us)	86
14º Monkey 47 (de)	85
15º Príncipe de los Apóstoles (ar)	82

EMPÓRIO FREI CANECA (março 2015)

Organizada por mim e realizada na sala privativa do Empório Frei Caneca, em São Paulo. Participantes: Francisco S. Rodrigues Neto, Gérson Morelli, Gersinho Morelli, Mário Separovic Rodrigues, Milton Pasquote, Newton Barros, Ricardo Fidelis e eu.

Painel	Notas Pos. JOA
1º No. 3 London Dry Gin (eng)	92 (3º)
2º Tanqueray Ten (sco)	93 (2º)
3º Martin Miller's (eng)	91 (5º)
4º Old Raj Blue Label 55° (eng)	90
5º Gordon's (sco)	91 (5º)
6º Beefeater (eng)	94 (1º)
7º Hendrick's (sco)	88
8º Nolet's Silver (nl)	92 (3º)
9º The Botanist Islay (sco)	89
9º Hayman's (eng)	88
11º Sipsmith (eng)	89

AO LADO
Carrinho de gim-tônica do bar Bar.

REVISTA GOSTO (maio 2016)

Organizada por mim e realizada na sala privativa do Empório Frei Caneca, em São Paulo. Participantes: Daniel Rozes, Ibrahim Zouein, Marcos Frugis, Marcos Llopis Lee (sócio do Bar.), Mário Separovic Rodrigues, Murilo Marques (Campari), Newton Barros, Nicola Pietroluongo (Diageo) e eu.

Painel	Notas Pos. JOA
1º Beefeater (eng)	92 (3º)
2º City of London (eng)	91,5 (4º)
3º Tanqueray Ten (sco)	94 (1º)
4º Nolet's Silver (nl)	93 (2º)
5º Hendrick's (sco)	89
6º Gordon's (sco)	91
7º Bulldog (eng)	86
8º Whitley Neill (eng)	90
9º Berkeley Square (eng)	90,5
10º Fords (eng)	91,5 (4º)
11º Darnley's View (sco)	87
12º Caorunn (sco)	87

GINFEST (julho 2016)

Organizada por Joscha Niemann, criador do site GinFest, em São Paulo. Participantes: Felipe Januzzi, Joscha Niemann e eu.

Painel	Notas Pos. JOA
1º Bobby's Schiedam (nl)	91
2º No. 209 Gin (us)	90
3º VL 92 Moutwijn (nl)	89
4º F.E.W. Standard Issue (us)	88
4º Gin & Jonnie Gastro (nl)	88
6º Sylvius London Dry (nl)	86
7º Venus Gin Blend No. 2 Oak (us)	80

REVISTA GOWHERE GASTRONOMIA (julho 2016)

Organizada por mim e realizada na sala privativa do Empório Frei Caneca, em São Paulo. Participantes: Domingos Meirelles (sócio do Gin Club), Ibrahim Zouein, Marcos Frugis, Marcos Llopis Lee (sócio do Bar.), Mário Separovic Rodrigues, Newton Barros, Ricardo Barrero (Diageo) e eu.

Painel	Notas Pos. JOA
1º Plymouth Navy Strength (eng)	91,5 (6º)
2º Beefeater (eng)	94 (1º)
3º Gin & Jonnie Gastro (nl)	88,5
4º G'Vine Nouaison (fr)	92 (4º)
5º No. 3 London (nl)	93 (2º)
6º Geranium Premium (eng)	92,5 (3º)
7º Draco (br)	92 (4º)
8º Organic Premium 2011 (at)	85
9º Ginraw Gastronomic (es)	87,5
9º The Corinthian (eng)	86
11º Bobby's Schiedam (nl)	88
12º Blackwoods Vintage 2012 60% (sco)	90
13º Tanqueray No. Ten (sco)	83
14º Sacred Gin (eng)	87
14º Arapuru (br)	84
16º Sharish Alentejo 2015 (pt)	82

COQUETÉIS

COQUETÉIS CLÁSSICOS DE GIM

Existe uma infinidade de coquetéis que já são clássicos e de outros tantos que são criados a todo instante. Qualquer pessoa pode inventar um coquetel misturando uma série de bebidas e ingredientes de que mais goste.

É creditada ao norte-americano Jerry Thomas a publicação, em 1862, do primeiro livro conhecido sobre coquetéis, o *Bartender's guide*.

Entretanto, é fato que existem alguns drinques considerados clássicos por quase todos os *bartenders*, *barmen* e apreciadores. Dentro desse seleto leque estão o gim-tônica, o dry martini, o negroni, o red snapper (um bloody mary de gim) e, já que estamos no Brasil, a caipirinha de gim.

GIM-TÔNICA

O gim-tônica foi criado pelos soldados ingleses que serviam na Índia. Como eles precisavam consumir quinino para proteger-se contra a malária, passaram a tomá-lo misturado ao gim, já que o tônico de quinino puro era bastante amargo.

O coquetel é um *long drink*, geralmente servido em copos altos ou bojudos, e segue a receita clássica.

GIM-TÔNICA CLÁSSICO

COQUETÉIS

Gim-tônica clássico

INGREDIENTES: 50 ml de gim, 150 ml de água tônica, uma rodela de limão-siciliano, quatro cubos grandes de gelo.

PREPARO: Coloque a rodela de limão no fundo de um copo alto ou bojudo. Acrescente o gelo para manter a rodela de limão presa ao fundo. Despeje a dose de gim e, em seguida, a água tônica. Mexa com uma colher até homogeneizar bem.

Gim-tônica classic (VERSÃO SERVIDA NO BAR ASTOR)

INGREDIENTES: 50 ml de gim, 200 ml de água tônica, três gotas de orange bitter, 3 sementes de zimbro ligeiramente esmagadas, *twist* de limão-siciliano e de laranja-baía, cubos de gelo.

PREPARO: Aromatize um copo-balão com *zest* de limão e de laranja. Encha com cubos de gelo até a boca. Acrescente o gim, o zimbro e o orange bitter. Monte vagarosamente com água tônica, adicionada com uso do espiral da colher bailarina. Guarneça com *twist* de limão e de laranja.

Dicas para um gim-tônica perfeito

Adote a seguinte sequência: taça + gelo + gim + tônica + cítrico.

TAÇA: Por ser um *long drink* com intensa aromaticidade, demanda um copo volumoso o suficiente para permitir que as borbulhas da água tônica se expandam e liberem os elementos aromáticos do gim. Além disso, deve ter capacidade para abrigar muito gelo, o gim e a água tônica. O ideal é usar uma taça balão do tipo borgonha com 600 ml-700 ml de volume previamente resfriada. Sua ampla abertura facilita o trabalho do barman, além de possibilitar a apreciação de toda riqueza aromática da bebida. Ao ser segurada pela haste, essa taça evita que o calor da mão interfira na temperatura da bebida. Finalmente, ela deve ser de cristal fino para possibilitar um gole muito mais agradável.

GELO: Pode não parecer lógico, mas, quanto mais gelo for utilizado, menor será a temperatura dentro do copo e mais tempo levará para o gelo derreter e diluir o coquetel. Além de resfriar a bebida, o gelo rebaixa a sua graduação alcoólica e, sobretudo, facilita a perfeita interação de sabores da preparação. Utilize apenas água mineral não gasosa para fazer os cubos de gelo. O gelo deve ser suficientemente grande, quanto maior melhor, recomendando-se nunca ter lateral inferior a 2 cm ou 2,5 cm, para não acelerar o degelo. A taça deve ficar bem cheia de gelo, com seis a sete cubos. Misture-os com a colher bailarina e, caso forme água no fundo do copo, escorra.

GIM: O ideal é manter a garrafa do seu gim predileto no congelador: a bebida permanecerá bem fria, mas ainda liquefeita. A proporção ideal é de 70 ml de gim para 200 ml de água tônica. Use um dosador para servir a quantidade certa de gim.

COQUETÉIS

QUALQUER PESSOA

PODE INVENTAR UM COQUETEL MISTURANDO UMA SÉRIE DE BEBIDAS DE QUE MAIS GOSTE.

TÔNICA: Utilize, de preferência, água tônica engarrafada em vez de enlatada. O líquido engarrafado é sempre melhor do que o enlatado, seja ele refrigerante ou até mesmo cerveja. A tônica deve estar sob refrigeração, para não "esquentar" o gelo e o gim, nem perder borbulhas. Mais adiante indico as tônicas que considero as melhores do mercado.

CÍTRICO: Se for usar um *twist* de limão, elimine a parte branca da casca para não dar amargor. Caso opte por uma rodela, retire as sementes. Outra questão: usar o limão tahiti (verde) ou o limão-siciliano (amarelo). O segundo é o empregado na Europa, sendo mais aromático e suave que o tahiti. Mas há quem prefira o sabor do limão verde, tanto que ele é o empregado na nossa gostosa caipirinha.

PREPARO: O mais recomendado é que os ingredientes sejam simplesmente misturados (bater em coqueteleira dilui a bebida). Portanto, misture-os na taça ligeira e suavemente com uma colher bailarina. Apesar de ser prática de alguns *barmen*, não é recomendado deixar a tônica escorrer pela espiral da bailarina, para não perder borbulhas. Sirva imediatamente.

dry martini

DESMITIFICANDO SER O GIM-TÔNICA UMA BEBIDA FORTE

Caso fosse utilizada uma dose de 70 ml de gim com 47% de álcool em volume e 200 ml de água tônica, a bebida final teria – desprezando-se a diluição pelo efeito do degelo – a seguinte graduação alcoólica:

Álcool: 70 ml × 40 ml / 100 ml = 32,9 ml
Líquido: 70 ml + 200 ml = 270 ml
Teor alcoólico: 32,9 ml / 270 ml = 12,2% álcool em volume

Portanto, uma graduação alcoólica inferior a de muitos vinhos de mesa!

DRY MARTINI

Sem contestação, é o drinque mais clássico e famoso do mundo, do grupo dos *short drinks*, servido em pequenas taças geralmente cônicas. A fórmula usada pode variar um pouco.

Dry martini clássico

INGREDIENTES: 75 ml de gim, 10 ml de vermute branco seco, gelo, azeitona verde sem caroço ou *twist* de limão-siciliano.

PREPARO: Coloque todos os ingredientes líquidos no copo misturador com gelo. Mexa bem com uma colher bailarina. Coe numa taça de martíni resfriada. Decore com uma azeitona no palito.

Extra dry martini
(VERSÃO DO COQUETEL PARA OS GRANDES AMANTES DO GIM)

INGREDIENTES: 75 ml de gim, 5 ml de vermute branco seco, gelo, azeitona verde sem caroço ou *twist* de limão-siciliano.

PREPARO: Mexa as bebidas muito bem no copo misturador com gelo. Coe na taça e decore com a azeitona ou o *twist* de limão.

Churchill martini
Versão de extra dry martini criada pelo estadista inglês Winston Churchill. Certa vez, quando perguntado sobre o quanto ele queria de vermute em seu martíni, ele respondeu: "Eu gostaria da presença do vermute na sala, enquanto estiver bebendo meu martíni". Isso deu origem ao Churchill martini, que é pouco mais que gim derramado sobre o gelo, enquanto a garrafa de vermute é apresentada na mesma sala.

Dicas para um dry martini perfeito
Adote a seguinte sequência: taça + gelo + vermute branco seco + gim + guarnição.

TAÇA: Use uma taça cônica de cristal típica de martíni com volume acima de 120 ml previamente resfriada.

COQUETÉIS

"DRY MARTINIS
SÃO COMO SEIOS DE MULHER – UM É POUCO, TRÊS É DEMAIS."

DOROTHY PARKER,
ESCRITORA NORTE-AMERICANA

GELO: Utilize apenas água mineral não gasosa para fazer os cubos de gelo. Quanto mais duro o gelo, melhor, pois degela mais lentamente.

VERMUTE: O mais usado nos bares de todo o mundo é o vermute branco seco francês Noilly Prat, de preferência mantido sob refrigeração. Use um medidor para dosar a quantidade certa de vermute.

GIM: O ideal é sempre manter a garrafa do seu gim predileto no congelador. Dessa forma a bebida permanecerá bem fria, mas ainda liquefeita. A proporção ideal é de 75 ml de gim para 10 ml de vermute. Use um dosador para servir a quantidade desejada de gim.

GUARNIÇÃO: Coloque uma azeitona verde, de preferência sem o caroço, dentro do drinque. Aconselha-se comê-la no penúltimo gole, quando já tiver absorvido bastante do sabor da bebida. Se usar um twist de limão, elimine a parte branca da casca para não dar amargor.

PREPARO: O mais recomendado é que os ingredientes sejam apenas mexidos em um copo misturador previamente resfriado, e não batidos em coqueteleira, contrariando a famosa frase de James Bond: "Shaken, not stirred" (e, por favor, nunca com vodca!). Se o dry martini for batido, a bebida fica bem mais fria, porém mais diluída. Coloque os ingredientes líquidos,

NEGRONI

na ordem assinalada, no copo misturador com gelo. Mexa bem com a colher bailarina. Coe na taça, descartando o gelo, e guarneça a gosto. Sirva imediatamente.

Frase sábia

A escritora norte-americana Dorothy Parker, que adorava esse drinque, costumava dizer, com muito humor: "Dry martinis são como seios de mulher – um é pouco, três é demais". O motivo dessa afirmação é ser o gim uma bebida muito perigosa. O seu principal constituinte é o zimbro, que por ser um alcaloide tem um efeito intoxicante quando ingerido em doses exageradas. Ele irrita o fígado.

NEGRONI

Consta que esse drinque foi criado em 1919 no Caffè Casoni, atualmente chamado Caffè Cavalli, em Florença, pelo conde Camilo Negroni, com a ajuda do *bartender* Fosco Scarselli.

Negroni clássico

INGREDIENTES: 30 ml de gim, 30 ml de vermute tinto doce, 30 ml de Campari bitter (dose recomendada pela International Bartenders Association, IBA) ou 20 ml (dose recomendada pela Gin & Vodka Association, GVA), gelo, meia fatia de laranja.

PREPARO: Coloque todos os ingredientes líquidos em um copo *old-fashioned* cheio de gelo. Misture gentilmente com uma

> OS SEGREDOS
> DO GIM

"O AMARGO É EXCELENTE
PARA SEU FÍGADO, O GIM É RUIM PARA ELE. UM EQUILIBRA O OUTRO."
ORSON WELLES,
ATOR E DIRETOR NORTE-AMERICANO

colher. Decore com meia fatia de laranja apoiada na borda do copo. Como opção, complete o copo com club soda.

Negroni (VERSÃO SERVIDA NO BAR.)
INGREDIENTES: 30 ml de gim, 30 ml de vermute tinto Carpano Antica Formula, 20 ml de Campari bitter italiano, gelo, casca de laranja.

PREPARO: Encha um copo misturador com gelo. Em seguida, acrescente as três bebidas e mexa bastante com uma colher bailarina, até o drinque ficar bem gelado. Coe a mistura diretamente em um copo old-fashioned já com gelo, de preferência em cubo grande e sólido, para derreter vagarosamente. Esprema a casca da laranja de modo a liberar seus óleos e sirva.

Orson Welles
O diretor e ator norte-americano Orson Welles, referindo-se à este drinque, em 1947, disse: "O amargo é excelente para seu fígado, o gim é ruim para ele. Um equilibra o outro".

RED SNAPPER (BLOODY MARY DE GIM)
O red snapper é um coquetel muito parecido com o bloody mary. Foi criado depois da Lei Seca norte-americana pelo barman francês Fernand Petiot, que do Harry's Bar, de Paris, foi trabalhar no King Cole Room do Hotel St. Regis, em Nova York.

RED SNAPPER

Red snapper clássico

INGREDIENTES: 45 ml de gim, 90 ml de suco de tomate, 15 ml de suco de limão-siciliano, 12 gotas de Lea & Perrins Hot Pepper Sauce ou Tabasco, seis gotas de Lea & Perrins Worchestershire Sauce, pitadas de sal e de pimenta-do-reino, gelo, uma rodela de limão-siciliano para guarnecer.

PREPARO: Mexa, gentilmente, todos os ingredientes (menos o limão) em um copo misturador. Em seguida, verta num copo *old-fashioned* com muitos cubos de gelo. Guarneça com a rodela de limão.

Red snapper express
(VERSÃO USANDO INGREDIENTE SEMIPRONTO)

INGREDIENTES: 90 ml de gim, 90 ml de Bloody Mary Mix, da Tabasco, 15 ml de suco de limão-siciliano, gelo, uma rodela de limão-siciliano para guarnecer.

PREPARO: Após juntar todos os ingredientes (menos o limão) em um copo misturador, passe o coquetel para um copo *old-fashioned* com gelo. Guarneça com a rodela de limão.

COQUETÉIS

CAIPIRINHA DE GIM

Uma versão com gim do nosso drinque nacional.

INGREDIENTES: 50 ml de gim, 1/2 limão tahiti, 2 colheres de chá de açúcar, gelo.

PREPARO: Corte o limão em quatro e retire a parte branca. Coloque em um pilão ou em um copo *old-fashioned* com o açúcar e pressione com o amassador até obter bastante suco. Acrescente o gim e misture. Coe e sirva com muito gelo.

OUTROS COQUETÉIS DE GIM

AVIATION

INGREDIENTES: 45 ml de gim, 15 ml de licor de cereja Maraschino, 15 ml de suco de limão-siciliano, gelo, cereja para decorar.

PREPARO: Ponha todos os ingredientes em uma coqueteleira com gelo. Sacuda bem. Coe e coloque em uma taça de coquetel. Decore com a cereja.

BERLIN COCKTAIL

INGREDIENTES: 30 ml de gim, 20 ml de vinho Madeira, 20 ml de suco de laranja, 3 gotas de angostura bitter.

PREPARO: Misture os ingredientes em uma coqueteleira. Sirva em uma taça de coquetel.

BRAMBLE

COQUETÉIS

BRAMBLE

INGREDIENTES: 40 ml de gim, 15 ml de suco de limão-siciliano, 15 ml de licor de amora, 10 ml de xarope de açúcar, gelo, uma fatia de limão-siciliano e amoras para decorar.

PREPARO: Coloque todos os líquidos em uma coqueteleira com gelo e misture. Coe em um copo *old-fashioned* com cubos de gelo quebrados. Decore com a fatia de limão e amoras.

BRONX

INGREDIENTES: 40 ml de gim, 20 ml de vermute branco seco, 20 ml de vermute tinto doce, 20 ml de suco de laranja, uma fatia de laranja e uma cereja para decorar.

PREPARO: Numa coqueteleira, junte todos os ingredientes líquidos. Sirva em uma taça de coquetel. Decore com a fatia de laranja e a cereja.

CARDINALE

Versão de negroni mais leve, mais seca e mais refrescante.

INGREDIENTES: 30 ml de gim, 30 ml de vermute branco seco, 30 ml de Campari bitter, gelo, uma fatia de laranja para decorar.

PREPARO: Coloque todos os ingredientes num copo *old-fashioned* cheio de gelo e misture. Decore com a fatia de laranja.

CLOVER CLUB

INGREDIENTES: 40 ml de gim, 15 ml de xarope *grenadine* (de romã), 15 ml de suco de limão-siciliano, gotas de clara de ovo.

PREPARO: Ponha todos os ingredientes em uma coqueteleira com gelo. Sacuda bem. Coe e sirva em uma taça de coquetel.

ETON BLAZER

INGREDIENTES: 40 ml de gim, 40 ml de aguardente de cereja kirsch, suco de 1/2 limão-siciliano, 10 ml de xarope de açúcar, club soda, gelo, uma cereja para decorar.

PREPARO: Coloque o gelo e os ingredientes líquidos em um copo alto de *long drink*. Misture bem. Complete o copo até a borda com a club soda. Guarneça com a cereja.

FRENCH 75

INGREDIENTES: 30 ml de gim, 15 ml de suco de limão-siciliano, 5 ml de xarope de açúcar, 60 ml de champanhe brut, gelo.

PREPARO: Coloque todos os ingredientes (exceto o champanhe) em uma coqueteleira com gelo e sacuda bem. Coe e sirva numa taça tipo flauta. Acrescente o champanhe.

GIBSON

GIBSON

Esse drinque é um dry martini enfeitado com uma cebolinha. Pode também ser servido com gelo em um copo *old-fashioned*.

INGREDIENTES: 75 ml de gim, 10 ml de vermute branco seco, gelo, cebolinha em conserva para decorar.

PREPARO: Prepare no copo misturador com gelo. Coe e sirva em uma taça de coquetel decorada com a cebolinha em conserva.

GIM TROPICAL

INGREDIENTES: 50 ml de gim, 15 ml de suco de limão-siciliano, 15 ml de suco de abacaxi, 100 ml de água tônica, 10 ml de xarope de gengibre, 3 gotas de bitter de limão-siciliano, gelo, uma fatia de limão-siciliano e outra de gengibre para decorar.

PREPARO: Coloque todos os ingredientes (exceto a água tônica) numa coqueteleira com gelo e misture bem. Passe para um copo alto de *long drink*. Complete com a água tônica e decore com as fatias de limão-siciliano e de gengibre.

GIN FIZZ

INGREDIENTES: 45 ml de gim, 30 ml de suco de limão-siciliano, 10 ml de xarope de açúcar, 80 ml de club soda, gelo, uma fatia de limão para decorar.

COQUETÉIS

A ÁGUA TÔNICA

PODE SER PREPARADA EM CASA.

PREPARO: Coloque todos os ingredientes (exceto a club soda) numa coqueteleira com gelo e mexa bem. Sirva em um copo alto de *long drink*. Complete com a club soda. Decore com o limão.

GIN GINGER

INGREDIENTES: 50 ml de gim, 120 ml de refrigerante *ginger ale*, gelo, uma fatia de limão-siciliano.

PREPARO: Encha um copo alto de *long drink* com gelo e acrescente as bebidas. Decore com a fatia de limão.

GIN ORANGE BITTER COCKTAIL

INGREDIENTES: 75 ml de gim, três gotas de orange bitter, gelo, *zest* de casca de laranja para decorar.

PREPARO: Coloque todos os ingredientes em um copo misturador com gelo e mexa gentilmente. Coe em uma taça de coquetel decorada com o *zest* de casca de laranja.

HAWAIIAN

INGREDIENTES: 50 ml de gim, 60 ml de licor de laranja Curaçao, gelo, *zest* de casca de laranja para decorar.

PREPARO: Ponha todos os ingredientes em uma coqueteleira com gelo. Sacuda bem. Coe e sirva numa taça de coquetel decorada com o *zest* de casca de laranja.

JEP GAMBARDELLA

Drinque criado no bar Bar. em homenagem ao protagonista do filme *A grande beleza*.

INGREDIENTES: 50 ml de gim, 15 ml de Aperol, 15 ml de suco de limão-siciliano, 15 ml de suco de laranja, 15 ml de xarope de açúcar, um ramo de manjericão, gelo.

PREPARO: Bata os sucos de fruta com o açúcar e o gim em uma coqueteleira com bastante gelo. Coe em um copo baixo de *short drink*, complete com o Aperol e decore com as folhas de manjericão.

JOHN COLLINS (ou Tom Collins versão feita com gim ou Old Tom gin – a versão doce de gim)

INGREDIENTES: 45 ml de gim, 30 ml de suco de limão-siciliano, 15 ml de xarope de açúcar, 60 ml de club soda, 3 gotas de angostura bitter, gelo, uma fatia de limão-siciliano e cereja para decorar.

PREPARO: Coloque todos os ingredientes em um copo alto de *long drink* cheio de gelo. Mexa gentilmente. Adicione as gotas de angostura bitter. Decore com a fatia de limão e a cereja.

JEP GAMBARDELLA

MARTINEZ

COQUETÉIS

MARTINEZ

INGREDIENTES: 45 ml de gim, 15 ml de vermute tinto doce, 5 ml de licor de laranja Curaçao, 3 gotas de orange bitter, gelo, *twist* de laranja para decorar.

PREPARO: Coloque os ingredientes em um copo misturador. Mexa bem. Sirva em uma taça de coquetel decorada com o *twist* de laranja.

GIM E VODCA EM COQUETÉIS

Sem dúvida, o gim e a vodca são as bebidas alcoólicas mais indicadas para o preparo de drinques. Embora compartilhem uma mesma família (os destilados retificados), cada uma tem suas particularidades:

- A vodca, por ser neutra, tem mais vocação para ser a coadjuvante de uma bebida na qual os outros ingredientes ditam o tom do coquetel.
- O gim atua como protagonista, já que é vibrante e de personalidade marcante, sobressaindo dos demais ingredientes.

MONKEY GLAND

INGREDIENTES: 50 ml de gim, 25 ml de suco de laranja, três gotas de xarope de *grenadine* (romã), três gotas de Pernod, gelo.

PREPARO: Ponha todos os ingredientes em uma coqueteleira com gelo. Sacuda bem. Coe e sirva em uma taça de coquetel.

ORANGE BLOOM
INGREDIENTES: 30 ml de gim, 10 ml de vermute branco seco, 10 ml de licor de laranja *triple-sec* Cointreau, gelo, cereja para finalizar.

PREPARO: Em um copo misturador, coloque os ingredientes e o gelo. Mexa bem. Sirva em uma taça de coquetel. Guarneça com a cereja.

PARADISE
INGREDIENTES: 35 ml de gim, 20 ml de licor de abricó, 15 ml de suco de laranja, gelo.

PREPARO: Coloque todos os ingredientes em uma coqueteleira com gelo. Sacuda bem. Coe e sirva em uma taça de coquetel.

PINK LADY
INGREDIENTES: 50 ml de gim, 50 ml de creme de leite, 25 ml de xarope de *grenadine* (romã), 60 ml de suco de limão-siciliano, gelo.

PREPARO: Ponha todos os ingredientes em uma coqueteleira com gelo. Sacuda bem. Coe e sirva em uma taça de coquetel.

RAMOS GIN FIZZ
INGREDIENTES: 45 ml de gim, 15 ml de suco de limão tahiti, 15 ml de suco de limão-siciliano, 30 ml de xarope de açúcar, 60 ml de creme de leite, 1 clara de ovo, duas gotas de extrato de baunilha, club soda, gelo.

COQUETÉIS

PREPARO: Coloque os ingredientes (exceto a club soda e o gelo) em um copo misturador. Mexa gentilmente por cerca de dois minutos. Adicione o gelo e mexa energicamente por mais um minuto. Coe para um copo alto de *long drink*, sem gelo. Complete com a club soda.

SINGAPORE SLING
INGREDIENTES: 40 ml de gim, 20 ml de licor de cereja Cherry brandy, 10 ml de suco de limão-siciliano ou de abacaxi, 50 ml de club soda, 3 gotas de angostura bitter, gelo, uma fatia de limão-siciliano e cereja para decorar.

PREPARO: Coloque os ingredientes, exceto a club soda e o gelo, em uma coqueteleira e mexa bem. Passe a mistura para um copo alto de *long drink* com gelo e complete com a club soda. Decore com o limão e a cereja.

TOM COLLINS: ver John Collins

WHITE LADY
INGREDIENTES: 40 ml de gim, 30 ml de licor de laranja *triple-sec* Cointreau, 20 ml de suco de limão-siciliano, gelo.

PREPARO: Coloque todos os ingredientes em uma coqueteleira com o gelo. Sacuda bem. Coe e sirva numa taça de coquetel.

WHITE LADY

ÁGUA TÔNICA

Água gaseificada feita com quinino, um alcaloide extraído da casca da quina, uma planta originária dos Andes. Essa substância de gosto amargo já era conhecida dos incas, que a utilizavam para combater a malária.

De preferência, compre a água tônica engarrafada. Convém armazená-la sob refrigeração, para não "esquentar" o gelo e o gim nem perder borbulhas.

No mercado nacional atual são poucas as boas tônicas disponíveis; cinco são brasileiras e duas importadas. A mais cara é a garrafinha de 200 ml da argentina Tonic 1724 elaborada artesanalmente com quinino dos Andes (cultivado a 1.724 metros de altitude, e daí seu nome) e água da Patagônia.

Uma marca recém-chegada nas nossas terras é a canadense Canada Dry Tonic. Como o próprio nome indica, ela é seca (mas não muito) e de boa qualidade.

Em junho de 2016, fiz uma degustação às cegas de tônicas, junto com meu filho, Henrique, só não participando a Tonic 1724, pois não a encontramos. As duas últimas colocadas, e não recomendadas, foram a Schin e a Antártica. Em um grupo intermediário, mas de bom padrão, ficaram a Dillar's Classic e a Prata. As duas melhores foram, respectivamente, a Canadian Dry e a sempre consistente Schweppes.

Está previsto para 2016 o lançamento da Tônica Premium 202 no estilo seco. Ela está sendo produzida no interior de São

TONIC 1724 ELABORADA ARTESANALMENTE COM QUININO DOS ANDES

TÔNICA PREMIUM 202
NO ESTILO SECO

Paulo e foi desenvolvida por Marcos Llopis Lee, sócio do bar Bar., e pela Bebidas Poty.

A tônica pode ser preparada em casa. Nos Estados Unidos já existe um concentrado de tônica pronto sendo comercializado. Ele é produzido por Tom Richter, um *ex-bartender*. Nesse país também é possível encontrar várias tônicas artesanais, como a vendida pela Jack Rudy Cocktail Co.

AS TÔNICAS MAIS VENDIDAS NO MUNDO

De acordo com uma enquete realizada em 2015 pela revista *Drinks International* junto aos proprietários e *bartenders* dos 100 melhores bares do mundo (segundo essa mesma publicação) duas marcas de água tônica dominam amplamente o mercado:

- 1º Fever Tree
- 2º Schweppes
- 3º Fentimans
- 4º East Imperial
- 5º Canada Dry
- 6º Q-Tonic
- 7º Thomas Henry
- 8º Quina Fina
- 9º Everness
- 10º Capi

Das tônicas dessa lista, só é possível encontrar no Brasil a Canada Dry. A outra marca de água tônica estrangeira aqui

COQUETÉIS

comercializada, a Tonic 1724, foi considerada nessa mesma pesquisa a 7ª marca com mais tendência de sucesso. Nesse outro quesito, as duas vencedoras foram novamente a Fever Tree e a Schweppes.

Características das tônicas líderes de mercado:

FEVER TREE: Tônica inglesa cujo nome significa "árvore da febre". Atualmente é a mais exclusiva do mercado, tendo como patrono o famoso *chef* espanhol Ferrán Adrià. Tem menos borbulhas que a Schweppes e é levemente cítrica.

SCHWEPPES: A primeira tônica a ser fabricada na Inglaterra, em 1870, é atualmente elaborada em vários países, incluindo o Brasil. É uma verdadeira *best-seller*, além de uma das mais conceituadas pelos *barmen*, pelo seu alto conteúdo de gás carbônico. No Dry Martini de Barcelona, considerado o melhor bar da Espanha, só empregam essa marca.

OUTROS INGREDIENTES

ORANGE BITTERS

Os "amargos de laranja" já foram muito populares em coquetéis, em especial no período pré-proibição de álcool nos Estados Unidos.

É uma pena que poucas marcas estejam disponíveis para venda no mercado brasileiro; os aficionados os trazem de viagens ao exterior. Entretanto, no mercado internacional, diversas

ANGOSTURA ORANGE BITTERS

marcas estão disponíveis, incluindo o Gordon's Orange Bitters, da Tanqueray Gordon & Co., produtora dos gins homônimos. Contudo, os mais reputados são:

ANGOSTURA ORANGE BITTERS: Fabricado em Trinidad & Tobago com casca de laranja caribenha pela tradicional empresa Angostura. É vendido em pequenos e caros frascos de 118 ml e 28% de teor alcoólico. Pode ser comprado no Brasil.

REAGAN'S ORANGE BITTERS NO. 6: Produzido pela Sazerac em Nova Orleans, nos Estados Unidos, foi desenvolvido por Gary Reagan, um especialista norte-americano em coquetéis. É vendido em vidrinhos de 148 ml e 296 ml, contendo 45% de álcool em volume.

Outros *bitters*

A Fee Brothers produz uma série de *bitters* não alcoólicos com diversos sabores: laranja, limão-siciliano, pêssego, cereja e hortelã.

BLOODY MARY MIX

No mercado norte-americano diversos produtores como Smirnoff, McClures, Ballast Point, Mr & Mrs T e The Murphs, produzem mistura pré-pronta para bloody mary e red snapper.

No Brasil só dispomos, no presente, de um produto: o Bloody Mary Mix da Tabasco (e apenas na versão *mildly seasoned*). A versão mais picante, a *extra spicy*, ainda não está disponível por aqui.

BLOODY MARY MIX

142

COQUETÉIS

ZIMBRO EM GRÃOS

Ótimo ingrediente para ressaltar ainda mais o caráter de um coquetel de gim, como um gim-tônica. Ele pode ser adquirido na Bombay Herbs & Spices (www.bombayherbsspices.com.br) ou na Companhia das Ervas (www.ciadaservas.com.br).

COQUETELERIA

COPOS

Para servir a maioria dos coquetéis aqui apresentados, convém adquirir, pelo menos, os seguintes tipos de taças e copos:

- Taça balão do tipo borgonha
- Taça de martíni
- Taça de coquetel
- Taça alta do tipo flauta
- Copo alto de *long drink*
- Copo médio *old-fashioned*
- Copo pequeno de *shot drink*

PRÓXIMA PÁGINA
Taças e copos (ordenados da esquerda para a direita): taça flauta, taça de martíni, taça balão, copo de *shot drink*, copo médio *old-fashioned* e copo alto de *long drink*.

UTENSÍLIOS

Existem diversos *kits* de *bartender* ou *barman* disponíveis no mercado com várias quantidades de peças cada um. Entretanto, se for comprá-los isoladamente, estes itens são recomendáveis:

- Coqueteleira
- Copo misturador
- Colher bailarina
- Dosador
- Coador ou peneira
- Faca
- Tábua de corte
- Pilão e socador para caipirinha
- Balde de gelo
- Pinça de gelo
- Abridor de garrafas
- Saca-rolhas

PRÓXIMA PÁGINA
Utensílios de coqueteleria:
(1) descascador,
(2) coador, (3) pinça de gelo, (4) colher bailarina,
(5) pilão, (6) dosador,
(7) balde de gelo,
(8) copo misturador
e (9) coqueteleiras.

MELHORES BARES DE GIM

BARES NO BRASIL

Rio de Janeiro

Astor/SubAstor
www.barastor.com.br/www.subastor.com.br
Filial do famoso bar paulista Astor.
Av. Vieira Souto, 110, Ipanema, tel. 21-2523 0085

Bar D'Hôtel
www.allsuites.hoteismarina.com.br/gastronomia/bar-d-h-a-tel.htm
Bistrô e bar à beira-mar, dentro do Marina All Suites, sob a batuta do barman Tai Barbin.
Av. Delfim Moreira, 696, Leblon, tel. 21-2172 1112

Paris Bar
www.parisbar.com.br
Um dos mais tradicionais bares de coquetéis do Rio, com Alex Mesquita como bartender.
Praia do Flamengo, 340, Flamengo, tel. 21-2551 1278

AO LADO
Entrada do bar Bar.

São Paulo

📍 Astor/SubAstor
www.barastor.com.br/www.subastor.com.br
Bar que também serve coquetéis, alguns deles na torneira. O SubAstor é comandado pelo competente mixologista italiano Fabio La Pietra.
Rua Delfina, 163, Vila Madalena, tel. 11-3815 1364

📍 Bar Bar.
http://barbar.com.br
Primeiro bar especializado em gim da cidade, supervisionado por Marcos Llopis Lee e patrocinado pela Tanqueray.
Rua Joaquim Antunes, 248, Jardim Paulistano,
tel. 11-3061 3810

📍 Bar Número
www.barnumero.com.br
Luxuoso bar com o experientíssimo *bartender* Derivan de Sousa atrás do balcão.
Rua da Consolação, 3585, Cerqueira César, tel. 11-3061 3995

📍 Frank Bar
www.maksoud.com.br/dining-pt.html
Bar no Hotel Maksoud Plaza capitaneado pelo conceituado *bartender* Spencer Amereno Jr.
Alameda Campinas, 150, Bela Vista, tel. 11-3145 8000

PRÓXIMA PÁGINA
Ambiente interno do bar SubAstor.

G&T Bar Jardins
www.facebook.com/gtbarjardins

Bar provisório a ser transferido brevemente para um local mais amplo em Pinheiros, sob os cuidados de Talita Simões, tendo sido inicialmente patrocinado pela Beefeater.
Rua Peixoto Gomide, 1679, Jardim Paulista

Gin Club
Filial do bar lisboeta homônimo. Será inaugurado no final de 2016, no Itaim Bibi.

Negroni Bar
www.facebook.com/negronisp

Como o nome indica, é um bar especializado em negroni.
Rua Padre Carvalho, 30, Pinheiros, tel. 11-2337 4855

BARES NO EXTERIOR

ALEMANHA

Berlim

Buck & Breck
www.buckandbreck.com
É o 16º bar entre os 50 World's Best Bars 2015*.
Brunnenstrasse 177 - 10119 Mitte/Mitte

Fairytale
www.fairytale.bar
Esse bar recebeu o "Award 2016" do site da Mixology Magazine no http://mixology.eu.
Schönhauser Allee 169 - 10435 Mitte/Mitte

Munique

Schumann's Bar am Hofgarten
www.schumanns.de
É o 43º melhor bar do mundo de acordo com o *ranking* 50 World's Best Bars 2015.
Odeonsplatz 6/7 – 80539 Graggenauviertel/Altstadt,
tel. +49 089 229 060

* Os 50 World's Best Bars 2015 é a relação dos 50 melhores bares do mundo segundo a revista *Drinks International*.

ARGENTINA

Buenos Aires

📍 **Florería Atlántico**
www.floreriaatlantico.com.ar
Arroyo, 872, Retiro C1007AAB, tel. +54 011 4313 6093

AUSTRÁLIA

Melbourne

📍 **Black Pearl Bar**
www.blackpearlbar.com.au
Ocupa a 10º posição entre os 50 World's Best Bars 2015.
304, Brunswick St., Fitzroy, Victoria 8065,
tel. +61 03 9417 0455

📍 **The Everleigh**
www.theeverleigh.com
O 25º entre os 50 World's Best Bars 2015.
Upstairs, 150-156, Gertrude St., Fitzroy, Victoria 3065,
tel. +61 03 9416 2229

Sydney

The Baxter Inn
www.thebaxterinn.com
O 6º melhor bar entre os 50 World's Best Bars 2015.
152-156 Clarence St., New South Wales 2000

Bulletin Place
http://bulletinplace.com
O 28º bar entre os 50 World's Best Bars 2015.
Level 1, 10-14 Bulletin Place, Circular Quay, New South Wales 2000

CHILE

Santiago

Flannery's Irish Geo Pub
www.flannerys.cl/geopub
Estive lá em setembro de 2015.
Encomenderos, 83, El Golf, Las Condes, tel. +56 02 2233 6675

ESPANHA

Barcelona

Bobby Gin
www.bobbygin.com
Carrer de Francisco Giner, 47, 08012 Vila de Gràcia,
tel. +34 933 681 892

Dry Martini
www.drymartiniorg.com/locales/dry-martini-v2
Estive lá em outubro de 2013; é o 42º entre os 50 World's Best Bars 2015. Pertence ao grupo Javier de las Muelas, o Ferrán Adrià da coqueteleria espanhola.
Carrer d'Aribau, 162-166, 08036 L'Eixample Esquerra,
tel. +34 932 175 072

Madri

Bristol Bar
www.bristolbar.es
Almirante, 20, 28041, Centro/Justicía, tel. +34 915 224 568

PRÓXIMA PÁGINA
Bar Dry Martini, em Barcelona.

Dry Martini by Javier de las Muelas
www.drymartiniorg.com/locales/dry-at-the-gran-melia-fenix-v2
Filial madrilenha do grupo Javier de las Muelas.
Hotel Gran Meliá Fénix, Hermosilla, 2, 28001,
Salamanca/Recoletos, tel. +34 914 316 700

Gin Club del Mercado de la Reina
http://grupomercadodelareina.com/es/ginclub
Calle Reina, 16, 28004, Centro/Sol,
tel. +34 915 213 198

San Sebastián – Donostia

Cocteleria Dickens
www.cocteleriadickens.com
Alameda del Boulevard, 27, 20003, San Sebastián,
tel. +34 943 427 233

Dry San Sebastián
www.drymartiniorg.com/locales/dry-hotel-maria-cristina-v2/
Filial do grupo Javier de las Muelas.
Hotel Maria Cristina, Paseo Republica Argentina, 4, 20004,
Parte Vieja, tel. +34 943 437 600

AO LADO
**Bar Dry Martini
do Hotel Meliá de Madri.**

Santiago de Compostela

Vaová Gin Club
www.facebook.com/pages/Vaova-Gin-Club/129354020459025
Algalia de Arriba, 18, 15703, Santiago de Compostela, tel. +34 981 519 215

Sevilha

London Gin Tonic Club
www.londongintonicclub.com
Juan Sebastián Elcano, 14, 41012, Sevilha, tel. +34 655 569 349

ESTADOS UNIDOS

Chicago

The Aviary
https://theaviary.tocktix.com/#/home
Ocupa o 29º lugar no *ranking* 50 World's Best Bars 2015.
955 W Fulton Market, Chicago, Illinois 60607

Miami

📍 The Broken Shaken

http://thefreehand.com/miami/venues/the-broken-shaker

Ocupa o 14º lugar no *ranking* dos 50 World's Best Bars 2015. Freehand Miami, 2727 Indian Creek Drive, Miami Beach, Florida 33140, tel. +1 786 476 7009

Nova York

📍 Attaboy

https://www.facebook.com/pages/Attaboy/360633440716062

É o 11º entre os 50 World's Best Bars 2015.
134 Elridge St., New York, NY, 10002

📍 Elephant Bar

www.thenomadhotel.com/#!/dining/spaces/bar

É o 24º entre os 50 World's Best Bars 2015.
The Nomad Hotel, 1170 Broadway & 28th St., New York, NY, 10001, tel. +1 212 796 1500

📍 Employees Only

www.employeesonlynyc.com

O 4º melhor bar no *ranking* 50 World's Best Bars 2015.
510 Hudson St., New York, NY, 10014, tel. +1 212 242 3021

Mace

www.macenewyork.com

É o 38º entre os 50 World's Best Bars 2015.
649 East 9th St., New York, NY, 10009

Maison Première

http://maisonpremiere.com

Ocupa a 23ª posição entre os 50 World's Best Bars 2015.
298 Bedford Avenue, Brooklin, New York, NY, 11211,
tel. +1 347 335 0446

Nomad Bar

www.thenomadhotel.com/#!/dining/spaces/bar

É o 36º melhor bar no *ranking* 50 World's Best Bars 2015.
The Nomad Hotel, 1170 Broadway & 28th St., New York, NY, 10001, tel. +1 212 796 1500

PDT - Please Don't Tell

www.pdtnyc.com

Ocupa o 37º lugar entre os 50 World's Best Bars 2015.
113 St. Marks Place, New York, NY, 10009, tel. +1 212 614 0386

The Dead Rabbit

www.deadrabbitnyc.com

O 2º melhor bar de acordo com o *ranking* 50 World's Best Bars 2015 e o melhor desse país.
30 Water St., New York, NY, 10004, tel. +1 646 422 7906

PRÓXIMA PÁGINA
Bar The Dead Rabbit, em Nova York.

San Francisco

● Smuggler's Cove
www.smugglerscovesf.com
O 31º entre os 50 World's Best Bars 2015.
650 Gough St. (at McAllister), San Francisco, California, 94102,
tel. +1 415 869 1900

● Trick Dog
www.trickdogbar.com
Ocupa a 40ª posição entre os 50 World's Best Bars 2015.
3010 20th St., San Francisco, California, 94102,
tel. +1 415 471 2999

FRANÇA

Paris

● Experimental Cocktail Club
www.experimentalevents.com/paris
Um dos melhores de Paris, segundo o site thespiritsbusiness.com.
37, rue Saint-Saveur, 75002, Quartier Montorgueil-Saint-Denis,
tel. +33 01 45 08 88 09

MELHORES BARES DE GIM

G'Bar & Lounge

www.marriott.com/hotels/hotel-information/restaurant/parsp-renaissance-paris-le-parc-trocadero-hotel

Primeiro bar de gim de Paris.
Renaissance Paris Le Parc Trocadéro Hotel: 55-57,
avenue Raymond Poincaré, 75116, Quartier Porte Dauphine,
tel. +33 01 44 05 66 10

Harry's Bar

www.harrysbar.fr

Famoso e tradicional bar de coquetéis de Paris, criador do drinque bloody mary. Um dos melhores da capital francesa, segundo o site thespiritbusiness.com.
5, rue Daunou, 75002, Quartier Vivienne-Gaillon,
tel. +33 01 42 61 71 14

La Conserverie

www.laconserveriebar.com

Um dos melhores de Paris, segundo o site thespiritbusiness.com.
37 bis, rue du Sentier, 75002, Quartier Sentier,
tel. +33 01 40 26 14 94

Le Forum

www.bar-le-forum.com

Um dos melhores de Paris, segundo o site thespiritbusiness.com.
29, rue du Louvre, 75002, Quartier Montorgueil-Saint-Denis,
tel. +33 01 42 65 37 86

INGLATERRA

Londres

69 Colebrooke Row
www.69colebrookerow.com
Ocupa a 41º posição entre os 50 World's Best Bars 2015 e está entre os dez melhores bares de gim de Londres eleitos pelo site thespiritbusiness.com.
69 Colebrooke Row, London, N1 8AA, tel. +44 07 5405 28593

American Bar
www.fairmont.com/savoy-london/dining/americanbar
Ocupa a 5º posição entre os 50 World's Best Bars 2015.
The Savoy Hotel, Strand, London, WC2R 0EU,
tel. +44 20 7836 4343

Artesian
www.artesian-bar.co.uk
É o 1º entre os 50 World's Best Bars 2015, líder há quatro anos seguidos.
Langham Hotel, 1c Portland Place, Marylebone, London, W1B 1JA, tel. +44 20 7636 1000

AO LADO
Bar Artesian, em Londres.

Bar 45

www.dorchestercollection.com/en/london/45-park-lane

Utilizam no serviço um inusitado "negroni trolley", com três versões do drinque: Classic negroni, Vintage negroni e Aged negroni (em barrilete de madeira).

45 Park Lane Hotel, 45 Park Lane, Mayfair, London, W1K 1PN, tel. +44 20 7493 4545

Callooh Callay

www.calloohcallaybar.com

É o 11º entre os 50 World's Best Bars 2015.

65 Rivington Street, East End, London, EC2A 3AY, tel. +44 20 7739 4781

Connaught Bar

www.the-connaught.co.uk/mayfair-bars/connaught-bar

É o 9º entre os 50 World's Best Bars 2015. Utilizam no serviço móvel um belo "martini trolley".

The Connaught Hotel, Carlos Place, Mayfair, London, W1K 2AL, tel. +44 20 7314 3419

PRÓXIMA PÁGINA
**Negroni trolley
no BAR 45, em Londres.**

MELHORES BARES DE GIM

Dukes Bar

www.dukeshotel.com/dukes-bar

Está entre os Top ten London gin bar eleitos pela thespiritsbusiness.com e também entre os Mejores Bares de Ginebra del Mundo do site barmaninred.com.
Dukes Hotel, St. James's Place, London, SW1A 1NY, tel. +44 20 207 491 4840

Graphic Bar

www.graphicbar.com

Está entre os dez melhores bares de coquetéis de Londres segundo o site thespiritsbusiness.com. Possui uma das maiores coleções de gim do Reino Unido, com cerca de 180 marcas.
4 Golden Square, Soho, London, W1F 9HT, tel. +44 20 7287 9241

Happiness Forgets

www.happinessforgets.com

É o 8º entre os 50 World's Best Bars 2015.
8-9 Hoxton Square, London, N1 6NU

Mark's Bar at Hix

www.hixrestaurants.co.uk/marks-bar/hix-soho

Eleito entre os dez melhores bares de gim de Londres pelo site thespiritsbusiness.com.
66-70 Brewer St., Soho, London, W1F 9UP, tel. +44 20 7292 3518

AO LADO
Martini trolley do Connaught Bar.

Nightjar

www.barnightjar.com

Ocupa o 3º lugar entre os 50 World's Best Bars 2015 e está entre os dez melhores bares de gim de Londres eleitos pelo site thespiritsbusiness.com.

129 City Road, Shoreditch, London, EC1V 1JB, tel. +44 207253 4101

Purl London

www.purl-london.com

Está entre os dez melhores bares de gim de Londres eleitos pelo site thespiritsbusiness.com.

50-54 Blanford St., Marylebone, London, W1U 7HX,
tel. +44 20 7935 0835

The Ginstitute

www.theginstitute.com

Eleito um dos Mejores Bares de Ginebra del Mundo pelo site espanhol barmaninred.

The Portobello Star, 171, Portobello Road, London, W11 2DY,
tel. +44 20 3588 7800

ZTH Cocktail House

www.thezettertownhouse.com/clerkenwell/bar

Ocupa a 34ª posição entre os 50 World's Best Bars 2015.

The Zetter Hotel, 49-50, St John's Square, London, EC1V 4JJ,
tel. +44 20 7324 4545

ITÁLIA

Florença

Caffè Giacosa
www.caffegiacosa.it /index.php?file=history
Bar histórico onde foi criado o coquetel negroni.
Via della Spada, 10 – 50123 Firenze (FI), tel. +39 55 277 6328

Milão

Bar Basso
www.barbasso.com
Recomendado pelo gim Monkey 47.
Via Plinio, 39 – 20129 Milano (MI), tel. +39 02 2940 0580

Monkey Cocktail Bar
www.facebook.com/Monkey-Cocktail-Bar-494362104023047
Recomendo, estive lá em dezembro de 2014.
Via Napo Torriani, 5 – 20124 Milano (MI), tel. +39 320 297 3647

Nottingham Forest
www.nottingham-forest.com
É o 46º no *ranking* dos 50 World's Best Bars 2015.
Viale Piave, 1 – 20129 Milano (MI), tel. +39 02 798 311

Roma

📍 The Jerry Thomas Project
www.thejerrythomasproject.it
É o 21º melhor bar entre os 50 World's Best Bars 2015.
Vicolo Cellini, 30 – 00186 Roma (RM), tel. +39 06 9684 5937

PORTUGAL

Lisboa

📍 Café-bar BA no Bairro Alto
www.bairroaltohotel.com/bar-bairro-alto-lisboa
Bairro Alto Hotel, Praça Luís de Camões, 2, Bairro Alto-Chiado, 1200-243, Encarnação/Misericórdia, tel. +351 213 408 252

📍 Gin Club
www.ginclub.pt
Em dois endereços:
Rua Barata Salgueiro, 28, 1250-044,
São Mamede/Santo António, tel. +351 211 928 158
Mercado da Ribeira, av. 24 de Julho, quiosque 30, 1200-481,
São Paulo/Misericórdia, tel. +351 910 882 025

PRÓXIMA PÁGINA
Bar Gin Club no Sushi Café, em Lisboa.

Gin Lovers
www.ginlovers.pt
Loja e bar.
Praça do Príncipe Real, 26, 1250-184, São Bento,
tel. +351 213 471 341

Lisbonita Gin Bar – Taberna Moderna
www.facebook.com/taberna.moderna/?rf=345680968831975
Primeiro bar da cidade dedicado exclusivamente ao gim.
Rua dos Bacalhoeiros, 18A, Baixa, 1100-070,
Madalena/Santa Maria Maior, tel. +351 218 865 039

Porto

Gin Signature
www.signature-gin.com
Mercado Bom Sucesso, rua Gonçalo Sampaio,
banca B9.2, 4050, Massarelos, tel. +351 226 056 610

The Gin House
www.facebook.com/theginhouse
Rua Cândido dos Reis, 70, 4050-151, Vitória,
tel. +351 222 033 062

GLOSSÁRIO

Água tônica: É uma água gaseificada feita com quinino, um alcaloide (substância orgânica nitrogenada) extraído da casca da quina, uma planta originária dos Andes. Essa substância de gosto amargo serve para combater a malária. Imprescindível num gim-tônica.

Angostura bitter: É um amargo (*bitter*) concentrado e aromático. Inventado em 1824 por um médico alemão residente na Venezuela, é produzido atualmente em Trinidade e Tobago, no Caribe. É utilizado no preparo de diversos drinques.

Barmade: Termo inglês para designar a profissional do sexo feminino que elabora drinques em um bar.

Barman ou Bartender: Termo inglês para o homem responsável por preparar os coquetéis num bar.

Bitter: Bebida amarga e, geralmente, concentrada. Existem inúmeros tipos.

Bloody Mary Mix: Mistura temperada e engarrafada de um molho à base de tomate para o preparo dos coquetéis bloody mary e red snapper.

Boston shaker: Coqueteleira especial formada por dois recipientes, um metálico e o outro de vidro, que se encaixam sob pressão. É usado na elaboração de coquetéis com frutas e gelo triturados.

Botânicos (botanicals): São misturas de especiarias, ervas, flores e frutas usadas como aromatizantes naturais de um gim. Os tipos e quantidades variam de acordo com as receitas e os segredos de cada produtor.

Campari bitter: É um *bitter* avermelhado italiano obtido pela infusão em álcool e água de inúmeros ingredientes. Seu ataque de boca é adocicado, mas em seguida surge o amargor.

Cherry brandy: Apesar do nome, não é um destilado, mas um licor de cereja ácida, macerado em *brandy* (destilado de vinho) e condimentado com especiarias.

Club soda: Refrigerante composto de água gaseificada, bicarbonato de sódio e outros sais. É muito usado em coquetéis *long drink*.

Coador (strainer): Utensílio empregado para impedir que os cubos de gelo ou bagaços de frutas caiam na bebida que será servida. Imprescindível quando se usa o Boston *shaker*.

Cointreau: Marca francesa de licor de laranja *triple-sec* incolor empregado em coqueteleria.

Colher bailarina: Colher retorcida de cabo e corpo longos usada para mexer as bebidas dentro do copo misturador. O formato retorcido diminui a velocidade de escoamento de algum componente do drinque.

Copo-balão: Copo volumoso que comporta muitos cubos de gelo. Pode ser o usado para tomar vinho de Bourgogne.

Copo long drink (*high ball*): Copo (*tumbler*) alto e estreito de paredes paralelas com capacidade para 240-350 ml. Muito empregado para drinques volumosos acrescentados de bebidas gasosas.

Copo misturador (*mixing glass*): Copo grande utilizado para mexer drinques com o auxílio da colher bailarina.

Copo old-fashioned: Copo clássico (*tumbler*), baixo e amplo de paredes paralelas, com capacidade para 180-300 ml. Ele recebeu o mesmo nome do drinque elaborado com bourbon ou uísque que nele é servido.

Copo shot (dose): Copo pequeno (*tumbler*) de 30-45 ml usado para servir pequenas quantidades de drinques que serão consumidos num só gole.

Coquetel ou drinque: Mistura de diversas bebidas e ingredientes para criar uma nova bebida.

Coquetel on tap (na torneira): Coquetel pré-preparado em barris empregando um sistema de gás, similar aos de chope e vinho,

GLOSSÁRIO

para transportar o drinque do barril até a torneira. Também chamado de *draught*, *kegged* ou *draft cocktail*.

Coqueteleira (cocktail shaker): Coqueteleira clássica formada por dois recipientes metálicos, que se encaixam sob pressão, e uma peneira na parte central. Fundamental no caso dos drinques batidos.

Curaçao: É um licor de laranja *triple-sec* de frutas amargas da ilha de Curaçau, no Caribe, muito usado em coquetelerias. Existem vários fabricantes, sendo o mais importante o The Genuine Curaçao Liquer, produzido em cinco versões: Original (incolor), Blue, Green, Red e Orange.

Dosador (*jigger*): Utensílio metálico com dois compartimentos acoplados pelo fundo, usado para medir as doses das bebidas.

Genever ou Jenever (em holandês), Genièvre (em francês) ou Genebra (em português): Bebida destilada e retificada que também emprega zimbro. Foi a bebida que inspirou a criação do que hoje é conhecido como gim.

É uma indicação geográfica dos Países Baixos, da Bélgica, da França e da Alemanha.

Ginger ale: Refrigerante adocicado de água gaseificada, gengibre (*ginger*) e outros componentes. Muito usual em *long drinks*.

Kirsch ou Kirschwasser (água de cereja): Aguardente incolor de cereja amarga, típica da Floresta Negra alemã. É empregada em muitos coquetéis e, também, no célebre *fondue* de queijo suíço.

Liquidificador (blender ou mixer): Muito útil para bater frutas e fazer sucos.

London gin: Tipo de gim destilado obtido exclusivamente de álcool etílico de origem agrícola, cujo aroma é conferido somente por redestilação em alambiques tradicionais de álcool etílico na presença de todos os botânicos utilizados.

Maraschino: Licor obtido de cereja marasca, uma variedade amarga. Seus produtos mais conhecidos são o italiano Luxardo e o croata da Bols holandesa.

Mixologia (mixologie): Arte e ciência de misturar bebidas.

Mixologista (mixologist): Profissional que domina o conhecimento da mixologia. Simplificando, é um bartender com capacidade de criar novos drinques.

Old Tom gin: Gim doce muito popular na Inglaterra dos séculos XVIII e XIX, hoje em desuso.

Orange bitter: Os "amargos de laranja" já foram muito populares em coquetéis, notadamente no período da Lei Seca norte-americana. Recentemente, eles estão voltando ao cenário das bebidas alcoólicas.

Pernod: Marca francesa de licor de anis-estrelado e de outras ervas aromáticas empregado em coquetelerias.

Pilão: Utensílio de madeira imprescindível para, junto com o socador, preparar uma caipirinha.

Pinça: Utensílio para pegar cubos de gelo, pedaços de frutas ou ervas, evitando que a mão do barman entre em contato com eles.

Plymouth gin: Denominação de origem controlada situada nos arredores da cidade inglesa de Plymouth. Seu método produtivo é similar ao do London gin, entretanto ele resulta em um produto relativamente mais encorpado que o London gin.

Quinino: Alcaloide extraído da casca da quina, planta originária dos Andes. Essa substância de gosto amargo já era conhecida dos incas, que a utilizavam para combater a malária. Atualmente, é o ingrediente principal da água tônica.

Socador (mudler): Utensílio usado para amassar frutas e ervas. Imprescindível para preparar uma caipirinha.

Steinhaeger ou Steinhäger: Bebida destilada e retificada que também emprega zimbro, sendo uma indicação geográfica típica da Alemanha.

GLOSSÁRIO

Stick: Varinha de plástico que vai junto com a bebida para possibilitar que a pessoa mexa o drinque.

Taça de coquetel: Pequena, do formato de um cone invertido, é parecida com a taça de martíni, mas menor e com o bojo mais estreito, tendo geralmente 130 ml. É utilizada para bebidas geladas, mas servidas sem gelo.

Taça de martíni: Pequena, do formato de um cone invertido, é pouco maior e mais bojuda que a taça de coquetel, com capacidade para cerca de 180 ml.

Twist: Termo usado em coquetelerias para as cascas de frutas cítricas usadas para aromatizar e/ou decorar o drinque.

Vermute: Vinho composto desenvolvido em Turim com no mínimo 70% de vinho e infusões de ervas. Disponível nas versões branco seco e tinto doce.

Xarope de açúcar: Preparado de açúcar e água que ferve até concentrar. Sua vantagem é poder se integrar melhor no drinque que o açúcar sólido.

Xarope de grenadine: Preparado não alcoólico de sabor doce-ácido feito com suco de romã que é muito usado em coquetéis por sua bela coloração avermelhada.

Zest: Termo empregado em coquetelerias para cascas de frutas cítricas cortadas em tiras contínuas para decorar um drinque.

Zimbro (*Juniperus communis*): Arbusto cujos bagos azul-esverdeados são os ingredientes principais de um gim. Comercialmente, ele é encontrado na Itália, na Croácia, nos Estados Unidos e no Canadá.

BIBLIOGRAFIA

Livros

Difford, Simon. *Gin*: the bartender's bible. Buffalo: Firefly Books, 2013.

Perera, Mamen. *El gran libro del gin tonic*. Santiago de Compostela: Axel Springer España, 2013.

Teacher, Matt. *The spirit of gin*: a stiring miscellany of the new gin revival. Kennebunkport: Cider Mill Press, 2014.

Internet

Drinks International. Disponível em: <www.drinksint.com>. Acesso em: 12 jul. 2016.

Gin & Vodka Association. Disponível em: <www.ginvodka.org>. Acesso em: 12 jul. 2016.

Gin Foundry. Disponível em: <www.ginfoundry.com>. Acesso em: 12 jul. 2016.

Gin Tónico. Disponível em: <www.gintonico.com>. Acesso em: 12 jul. 2016.

Ginebras.net. Disponível em: <www.ginebras.net>. Acesso em: 12 jul. 2016.

International Bartenders Association. Disponível em: <www.iba-world.com>. Acesso em: 12 jul. 2016.

International Wine & Spirit Competition. Disponível em: <www.iwsc.net>. Acesso em: 12 jul. 2016.

International Wine & Spirit Research. Disponível em: <www.iwsr.co.uk>. Acesso em: 12 jul. 2016.

San Francisco Spirits Competition. Disponível em: <www.sfspiritscomp.com>. Acesso em: 12 jul. 2016.

The Gin Blog. Disponível em: <www.theginblog.es>. Acesso em: 12 jul. 2016.

The Gin Guild. Disponível em: <www.theginguild.com>. Acesso em: 12 jul. 2016.

The Spirits Business. Disponível em: <www.thespiritsbusiness.com>. Acesso em: 12 jul. 2016.

Wine & Spirit Trade Association. Disponível em: <www.wsta.co.uk>. Acesso em: 12 jul. 2016.

ÍNDICE REMISSIVO

A

Adnams Copper House Dry Gin, 40
Adnams First Rate Finest Cut Gin, 40
Água tônica, 139
    fever tree, 141
    mais vendidas no mundo, 140
    schweppes, 141
Ajuste alcoólico, 30
Almond, 24
Angelica root/angelica seeds, 24
Angostura orange bitters, 142
Arapuru London Dry Gin, 41
Aviation, 125

B

Bares de gim, melhores, 149
    Alemanha, 153
    Argentina, 154
    Austrália, 154
    Brasil, 149
    Chile, 155
    Espanha, 156
    Estados Unidos, 160
    França, 164
    Inglaterra, 167
    Italia, 173
    Portugal, 174
Bayswater Premium London Dry Gin, 42
Beefeater, 39, 63
Beefeater 24 London Dry Gin, 43
Beefeater Burrough's Reserve Oak rested Gin, 44
Beefeater London Dry Gin, 42
Berkeley Square London Dry Gin, 44
Berlin cocktail, 125
Blackwoods Vintage Dry Gin, 45
Bloody mary mix, 142

Bombay Sapphire, 39, 63
Bombay Sapphire London Dry Gin, 46
Botanic Premium London Dry Gin, 47
Botanic Ultra Premium London Dry Gin, 48
Botânicos (botanicals), 13, 21, 23
Bramble, 127
Broker's London Dry Gin, 48
Bronx, 127
Bulldog London Dry Gin, 49

C

Caipirinha de gim, 125
Caorunn Small Batch Scottish Gin, 49
Caraway, 24
Cardamom, 24
Cardinale, 127
Cassia bark, 24
Cinnamon, 24
Citadelle Gin, 50
Citadelle Réserve Gin, 51
City Of London Dry Gin, 51
City Of London Square Mile London Dry Gin, 52
Clover club, 128
Compounding, 21
Consumo per capita no mundo, 35
Copos, 143
Coquetéis
    aviation, 125
    berlin Cocktail, 125
    bramble, 127
    bronx, 127
    caipirinha, 125
    cardinale, 127
    clássicos, 111
    clover Club, 128

dry martini, 117
eton blazer, 128
french 75, 128
gibson, 130
gim Tropical, 130
gim-tônica, 111
gin Fizz, 130
gin Ginger, 138
gin Orange Bitter Cocktail, 131
hawaiian, 131
jep Gambardella, 132
john Collins, 132
martinez, 135
monkey Gland, 135
negroni, 121
on tap (na torneira), 95
orange Bloom, 136
paradise, 136
pink Lady, 136
ramos Gin Fizz, 136
red Snapper, 122
singapore Sling, 137
white Lady, 137
Coriander seeds, 25
Cubeb berries, 25

D
Darnley's View London Dry Gin, 52
Darnley's View Spiced Gin, 53
Degustação de gim, 97
   bar bar, 105
   dry Martini, Barcelona, 103
   empório Frei Caneca, 104, 107
   ficha, 98
   ginfest, 109
   north Frei Caneca, 103
   painéis, 100
   residência, 101, 102, 105

revista
   Gosto, 102, 108
   GoWhere Gastronomia, 101, 110
   Playboy, 100
Destilação, 29
Destilado base, 23
Destilarias britânicas, mapas, 85
Distilled gin, 18, 21
Draco Dry Gin, 53
Dry martini, 117

E
Escolha da marca de gim, 97
Espanha, 35
Estados Unidos, 34
Estilos de gim, 93
Eton blazer, 128

F
Fabricantes de gim, 36
   Beam Global, 36
   Diageo, 36
   G&J greenall, 37
   Pernod Ricard, 36
   San Miguel, 36
Fennel, 25
Ficha de degustação de gim, 98
Fifty Pounds London Dry Gin, 54
Filipinas, 34
Fords Gin, 55, 64
French 75, 128

G
G'vine Floraison Gin, 55
G'vine Nouaison Gin, 57
Genebra, 16
Geranium Premium London Dry Gin, 57
Gibson, 130

ÍNDICE REMISSIVO

Gim
    água mineral não gasosa, 94
    barricados, 94
    clássicos, 93
    colorido, 98
    com bebidas prontas, 95
    como degustar, 97
    condimentados, 94
    escolha da marca, 97
    fizz, 130
    florais, 93
    formas de consumo, 94
    frutas cítricas, 93
    frutas vermelhas, 93
    ginger, 131
    herbais, 93
    orange bitter cocktail, 131
    puro, 94
    tônica, 95, 111
    tropical, 130
Gim-tônica, 111
Gin day, 15
Gin Mare Mediterranean Gin, 58, 64
Ginger, 25
Gordon's London Dry Gin, 59
Gordon's, 39, 64
Grains of paradise, 25
Grapefruit, 25

H
Hawaiian, 131
Hayman's Family Reserve Gin, 61
Hayman's London Dry Gin, 60
Hendrick's Gin, 61, 63
História do gim, 14

I
Ish London Dry Gin, 62

J
Jensen's Bermondsey London Dry Gin, 63
Jep gambardella, 132
John collins, 132
Junípero, 23
Juniperus communis, 23

L
Langley's No.8 London Gin, 64
Legislação, 15
    brasileira, 15
    europeia, 17
Lemon peel, 25
Lime peel, 25
Liquorice, 25
London gin, 19, 21

M
Mapas das destilarias britânicas, 85
Marcas
    favoritas, 87
    líderes de mercado, 63
    presentes no Brasil, 86
    principais, 39
Martin Miller's Gin, 65
Martin Miller's Westbourne Strength Gin, 65
Martinez, 135
Monkey 47, 63
Monkey 47 Distiller's Cut Schwarzwald Dry Gin, 67
Monkey 47 Schwarzwald Dry Gin, 66
Monkey gland, 135

N
No.3 London Dry Gin, 68
Negroni, 121
Nolet's Reserve Dry Gin (Gold Label), 69
Nolet's Silver Dry Gin, 69
Nutmeg, 26

O

Old Raj Blue Label Dry Gin 55%, 71
Old Raj Red Label Dry Gin 46%, 70
Orange bitters, 141
Orange bloom, 136
Orange peel, 26
Orris root, 6
Oxley London Dry Gin, 71

P

Paradise, 136
Pink lady, 136
Plymouth gin, 21, 64
Plymouth Navy Strength Gin, 74
Plymouth Original Strength Gin, 73
Príncipe de Los Apóstoles Mate Gin, 74
Processo de destilação, 28
Produção de gim, 21

Q

Quintessential Brands, 44

R

Ramos gin fizz, 136
Reagan's orange bitters no. 6, 142
Red snapper, 122
Reino Unido
    exportação, 34
    mercado interno, 33
    produção, 33

S

Sacred Juniper Gin, 76
Sacred London Dry Gin, 75
Saffron Gin, 76
Seagers Dry Gin, 77
Seagram's Extra Dry, 39
Singapore sling, 137

Sipsmith, 64
Sipsmith London Dry Gin, 77
Sipsmith V.J.O.P. London Dry Gin, 78
Steinhaeger, 16
Summer savory, 26

T

Tanqueray, 39, 63
Tanqueray London Dry Gin, 78
Tanqueray No. Ten Gin, 79
Tanqueray Rangpur Gin, 80
Teor alcoólico do gim, 17
The Botanist Islay Dry Gin, 80
The London N0.1 Gin, 81

U

Utensílios, 146

V

Virga Gim Seco do Brasil, 82

W

White lady, 137
Whitley Neill London Dry Gin, 82
Williams Chase Elegant Crisp Gin, 83
Williams GB Extra Dry Gin, 84

X

Xoriguer Gin, 84

Z

Zimbro, 14, 23, 143

AGRADECIMENTOS

Esta obra só pôde atingir esta formatação final graças à imprescindível colaboração de:

EDGARD BUENO DA COSTA, sócio dos bares Astor e SubAstor e grande amante de gim, pelas degustações de gins coordenadas em seu bar, pelas imagens cedidas, referentes ao ambiente interno do SubAstor, às torneiras de coquetel do Astor e a diversos drinques, e por permitir que outras fotos fossem tiradas dentro do seu bar.
MARCOS LLOPIS LEE, sócio do bar paulista Bar. e especialista em gins, que organizou uma grande prova de gins ainda não importados no país, além de enviar fotografias da frente do bar, do carrinho de gim-tônica, de vários coquetéis e da sua Tônica Premium 202.
GLADSTONE CAMPOS, fotógrafo, *gourmet* e amigo, que tirou diversas fotos no bar Astor especialmente para ilustrar este livro.
DOMINGOS MEIRELLES, sócio da importadora e filial paulista do bar lisboeta Gin Club, que forneceu imagens das garrafas de G'Vine Nouaison e Martin Miller's, além de foto do interior do bar Gin Club de Lisboa.
DIAGEO DO BRASIL, nas pessoas de Nicola Pietroluongo, que participou comigo de uma degustação de gim da revista *Gosto*; Mariana Assis e Lucas Ungaro, pela cessão das imagens das garrafas de Tanqueray No. Ten, Tanqueray e Gordon's.

PERNOD RICARD DO BRASIL, nas pessoas de Lizandra Rodrigues e Bruno Siqueira de Carvalho, pelas imagens gentilmente enviadas de alambiques e garrafas do gim Beefeater.
BACARDÍ BRASIL, por meio de Flávio Gelschyn e Thiago, que cederam fotos do gim Bombay Sapphire.
CAMPARI DO BRASIL, por meio de Murilo Marques, que me remeteu a fotografia da garrafa do gim Bulldog e participou de uma degustação de gim que organizei para a revista *Gosto*.
CASA FLORA IMPORTADORA, por meio de Adilson Carvalhal Filho, o "Junior", Paulo Carvalhal e Mário Caetano, pelas fotos de garrafa e de alambiques da Hendrick's.
MR. MAN IMPORTADORA, nas pessoas de Diego Alejandro Man e Heloisa Xocaira, pela cessão de imagens dos gins Gin Mare e Principe de los Apóstoles, além da Tonic 1724.
AURORA IMPORTADORA, por meio de Alberto Jacobsberg e Daniela Tobias, que enviaram uma foto do gim francês Saffron, por eles representados.
INTERFOOD IMPORTADORA, por Ricardo Marques ter cedido uma fotografia do gim The Botanist Islay, que estão começando a importar.
BAID'NHER IMPORTADORA, por Moysés David Herszenhaut, que mandou imagens dos gins Botanic Premium e Botanic Ultra Premium.

TAMBÉM AGRADEÇO A TODOS abaixo mencionados pelas imagens cedidas:

- 45 Park Lane Hotel
- Bar Artesian
- Bar Astor
- Bar Bar.
- Bar Dry Martini
- Bar SubAstor
- Bar The Dead Rabbit
- Bebidas Poty
- Berkeley Square
- City of London
- Daniel Cancini_GoWhereGastronomia
- EuroWineGate
- Fords
- Gin Club
- Maison Ferrand
- Monkey 47
- Nolet's
- Plymouth
- Sacred Spirits
- Sipsmith
- Thais Bittar
- The Connaught Hotel
- The London No. 1
- The Reformed Spirits
- Virga

Crédito das imagens:

p. 10 Diageo do Brasil; **p. 22** Gladstone Campos, Real Photos; **p. 27** Sacred Spirits; **p. 29** Casa Flora Importadora; **p. 38** Daniel Cancini_GoWhereGastronomia; **p. 41** Thais Bittar; **p. 42** Pernod Ricard do Brasil; **p. 44** Berkeley Square; **p. 46** Bacardí Brasil; **p. 47** Baid'nher Importadora; **p. 49** Campari do Brasil; **p. 51** City of London; **p. 53** foto do autor; **p. 55** Fords; **p. 57** EuroWineGate; **p. 58** Mr. Man Importadora; **p. 59** Diageo do Brasil; **p. 61** Casa Flora Importadora; **p. 65** The Reformed Spirits; **p. 66** Monkey 47; **p. 69** Nolet's; **p. 73** Plymouth; **p. 74** Mr. Man Importadora; **p. 76** Sacred Spirits e Aurora Importadora; **p. 77** Sipsmith; **p. 79** Diageo do Brasil, **p. 80** Interfood Importadora; **p. 82** Virga; **p. 92** Bar Bar.; **p. 94** Maison Ferrand; **p. 96** Bar Astor; **p. 98** The London No.1; **p. 106** Bar Bar.; **p. 112** Bar Astor; **p. 116** Bar SubAstor; **p. 120** Bar Bar.; **p. 123** Bar SubAstor; **p. 126** Bar SubAstor; **p. 129** Bar SubAstor; **p. 133** Bar Bar.; **p. 134** Bar SubAstor; **p. 138** Bar SubAstor; **p. 139** Mr. Man Importadora; **p. 140** Bebidas Poty; **p. 142** fotos dos autor; **pp. 144-145** Gladstone Campos, Real Photos; **p. 147** Gladstone Campos, Real Photos; **p. 148** Bar Bar.; **p. 151** Bar SubAstor; **p. 157** Bar Dry Martini; **p. 158** Bar Dry Martini; **p. 163** Bar The Dead Rabbit; **p. 166** Bar Artesian; **p. 169** 45 Park Lane Hotel; **p. 170** The Connaught Hotel; **p. 175** Gin Club

SOBRE O AUTOR

José Osvaldo Albano do Amarante, 70 anos, engenheiro químico formado em 1971, é diretor técnico da Mistral Vinhos Importados. É membro do grupo de *experts* do Brasil na Organização Internacional da Vinha e do Vinho (OIV), na comissão de direito e economia. Escreve para as revistas *Gula*, *Revista do Vinho*, *Playboy*, *GoWhere Gastronomia* e *Gosto*, é palestrante e organiza viagens enogastronômicas pelo mundo.

O primeiro contato sério do autor com o assunto gim deu-se em setembro de 1989. Por já ser membro efetivo dos painéis de degustação de vinho da revista *Playboy*, foi convidado a participar de uma prova de gins. Ele já era um amante dessa bebida, mas, com esse incentivo, começou a pesquisar o assunto mais profundamente. Tanto assim que foi incumbido pelo editor da matéria a escrever o boxe "As lições de um degustador", onde teceu comentários técnicos sobre a degustação de gins.

Nos últimos anos, foi professor do curso superior de Gastronomia da Universidade Anhembi Morumbi e também ministrou aulas em mais de 650 cursos sobre queijos, vinhos e outras bebidas.

Escreveu quatro livros sobre vinhos: *Os segredos do vinho para iniciantes e iniciados* (Mescla, 2005), *Vinhos e vinícolas do Brasil* (Summus, 1986), *Vinhos do Brasil e do mundo para conhecer e beber* (Summus, 1983) e *Vinhos do Brasil* (editado pela Sociedade

Brasileira dos Amigos do Vinho, 1982). Atuou ainda como consultor do capítulo "Brazil" da sexta edição do livro *The world atlas of wine* (Mitchell Beazley, 2007) de Hugh Johnson e Jancis Robinson.

Também escreveu um livro sobre queijos: *Queijos do Brasil e do mundo para iniciantes e apreciadores* (Mescla, 2015).

Este livro é resultado dos vários estudos do autor sobre gim compilados em um "resumão". Entretanto, como o material acabou ficando muito completo, justificou-se publicá-lo.

Nota: caso queira entrar em contato com o autor, acesse o site www.amarante-vinhos.com.br.